LIBÉRÉE DES BLESSURES ET REGRETS DU PASSÉ :

COMMENT TRIOMPHER DU REJET ET VIVRE UNE VIE ÉPANOUIE

Mon témoignage…

Par   Jaky RIM

LIBÉRÉE DES BLESSURES ET REGRETS DU PASSÉ :

COMMENT TRIOMPHER DU REJET ET VIVRE UNE VIE ÉPANOUIE

Mon témoignage...

Par Jaky RIM

SOMMAIRE

Dédicace

Je dédie ce livre à mon époux, mon leader, la plus grande connexion de ma destinée. Celui par qui Christ est passé pour changer radicalement mon histoire. Celui que j'appelle mon ange gardien physique sur terre, celui qui m'a fait découvrir le monde de la Foi, m'a formée et consacrée au Ministère Prophétique. Celui qui m'a rendue ma dignité, m'a honorée devant Dieu et devant les hommes,

À Celui qui m'a appris à apprécier la vie à sa juste valeur, portant toujours mes regards vers le meilleur.

À mes enfants, Emilie-Yanisse, Emmanuelle, Bertrand Junior, Manassé et Harmonie que j'aime tant. À mes bébés pour la vie, qui contribuent chaque jour à mon bonheur.

À ma meilleure amie Carole, ma sœur de tous les temps qui m'aime et que j'aime inconditionnellement.

À toutes les femmes victimes de violence physique ou psychologique, blessées et brisées. Aux mères seules avec leurs enfants, qui s'attendent et s'attachent de toute leur foi à Dieu.

Je vous dédie « *Mon histoire* ».

Remerciements

Je remercie mes filles spirituelles Armelle et Stéphanie pour leur assistance et participation actives à la préparation et édition de ce manuscrit. Je remercie également l'ensemble de mon staff, ma famille en Christ, ainsi que mon assemblée chrétienne « La Mission Internationale Foi en Action ».

C'est mon histoire...

Avec reconnaissance à l'Éternel, le Dieu de mon Salut, j'ai l'honneur et le privilège d'écrire mon premier livre, qui, sans aucun doute, édifiera et fortifiera une personne dans le besoin, qui se retrouvera quelque part « dans mon histoire » ; comme peut-être « sa propre histoire ».

Mon objectif est d'encourager et relever quelques brisé-e-s et blessé-e-s par des blessures et des regrets liés à leur passé. Leur dire de tout cœur : « **vous n'êtes pas seul - e** » et Dieu est grand.

> *« Résistez au diable avec une foi ferme sachant que les mêmes souffrances sont imposées à vos frères dans le monde. Le Dieu de toute grâce qui vous a appelés en Jésus-Christ, à sa gloire éternelle après que vous aurez souffert un peu de temps vous perfectionnera lui-même, vous affermira, vous fortifiera et vous rendra inébranlables ».* (1 Pierre 5 verset 9 à 10)[1].

---

[1] La Bible, version Louis Second révisée.

Je crois que rien n'est un hasard dans la vie. Et que tout ce que nous avons traversé, ce que nous traversons et traverserons, trouvent leur sens une fois « En Christ » ; lorsque nous nous convertissons. Je crois que chacun d'entre nous est destiné à vivre l'histoire de sa vie, parfois par un parcours atypique, comme le mien. Car nous sommes tous uniques et différents. Chaque chapitre et paragraphe que vous allez lire et découvrir, sont authentiques. Chacun d'eux sont l'expression de ce qui était autrefois pour moi « des maux » convertis aujourd'hui « en puissant témoignage de restauration », grâce à la miséricorde de Dieu. Chacun d'eux sont l'expression de la puissance, de l'impact et l'influence de la Parole de Dieu sur ma destinée. **Je veux le crier ! Christ m'a libérée de la mauvaise influence des blessures et regrets de mon passé !**

Aujourd'hui, j'en parle avec liberté car « c'est mon histoire » la force de « mon témoignage » face à des années de combats, de profondes blessures intérieures, de profonde détresse, d'angoisse et d'attitudes comportementales incohérentes liées à un passé difficile. J'étais tout simplement dépressive, sans le savoir, ni jamais en parler à personne.

Ma vie, « mon histoire », se raconte en trois grandes phases, jonchées d'ignorance, d'erreurs, de joies, de peines, parfois de pleurs et d'égarements : ma vie sans Christ, ma rencontre avec Christ et ma délivrance en Christ. Ces 3 saisons de ma trajectoire sont indissociables de mon

''Témoignage''.

C'est l'histoire de mon passé, que j'ai longtemps détesté. L'histoire de mon âme blessée et brisée, avant d'être guérie et restaurée afin de m'offrir le droit d'apprécier et de jouir de ma magnifique vie d'aujourd'hui en Jésus-Christ. L'histoire de mon âme qui a été pendant des années affligée et opprimée par « mon parcours difficile et atypique ».

C'est l'histoire d'une prison intérieure dans laquelle j'ai été emprisonnée de nombreuses années, par des blessures et regrets que je pensais devoir subir à vie. Jusqu'à ce que **« La connaissance de la Parole de Dieu »** me libère, me délivre et me restaure par la compassion du Christ.

Jusqu'à ce que je saisisse la révélation **« de mon histoire, en lien avec celle de Christ »**, et que je puisse m'incorporer spirituellement « à son histoire ». Et que je puisse dire alors avec foi, espérance et assurance, « **son histoire est mon histoire** ».

« Méprisé et abandonné des hommes, homme de douleur et habitué à la souffrance, semblable à celui dont on détourne le visage. Nous l'avons dédaigné, nous n'avons fait de lui aucun cas. Cependant, il a porté nos souffrances, il s'est chargé de nos douleurs et nous l'avons considéré comme puni, frappé de Dieu et humilié. Mais il était blessé pour nos péchés, brisé pour nos iniquités. Le châtiment qui nous donne la paix est tombé sur lui et c'est par ses meurtrissures que nous sommes guéris. Nous étions tous errants, comme des brebis. Chacun suivait sa propre voie et l'éternel l'a frappé pour

l'iniquité de nous tous. Il a été maltraité et opprimé, n'a point ouvert la bouche. Semblable à un agneau qu'on mène à la boucherie, à une brebis muette, devant ceux qui la tondent, il n'a point ouvert la bouche. Il a été enlevé par l'angoisse et le châtiment ; Et parmi ceux de sa génération, qui a cru qu'il était retranché de la terre des vivants et frappé pour les péchés de mon peuple ? On a mis son sépulcre parmi les méchants ... » (Esaïe 53 verset 3 à 9)[2].

Je me suis lue dans cette histoire.

[2] La Bible, version Louis Second révisée.

12

CHAPITRE 1

Le témoignage de ma vie sans Christ

I] Mon enfance

Je suis née le 21 Avril 1978 à Corbeil-Essonnes en France, d'une famille croyante non pratiquante. Dieu ne m'a jamais été présenté et n'avait jamais eu de place principale ou prioritaire au sein de ma famille biologique. Nous n'avions reçu aucune éducation religieuse ou spirituelle. D'origine Congolaise, je suis la cadette de l'union légitime de mon père et ma mère dont naitrons quatre enfants. Deux garçons et deux filles, dont je suis la dernière.

Mais entre autres, je suis le sixième enfant, d'une fratrie de 11 frères et sœurs. Mon père ayant eu deux enfants, avant de connaître ma mère, et mes parents ayant chacun eu de leur côté, d'autres enfants, après avoir divorcé, lorsque j'avais entre 4 ou 5 ans. Nous serons alors élevés par mon père qui se remariera à ma nouvelle maman.

De l'union légitime de mes parents, j'ai le souvenir dans mon enfance, d'avoir été un enfant comblé d'amour et d'affection jusqu' à leur séparation. Un père très affectueux et possessif avec moi et une mère plutôt câline selon mes souvenirs. Je me souviens d'avoir dormi assez souvent entre eux, pour me souvenir du sentiment sécurisant et apaisant qui m'enveloppait si profondément « entre eux deux ». Ce sentiment que je perdais brutalement et soudainement du jour au lendemain, sans que personne n'ait pris le temps de m'y préparer. Ce fût brutal et incompréhensible pour moi. Comme une bombe atomique, mais surtout sans que personne ne se rende compte des dégâts intérieurs qui se formaient et s'opéraient en moi.

Ma mère fût la première épouse de mon père, dont sont nés 4 enfants. Mes deux grands frères, aux yeux de qui, j'ai été longtemps le centre d'attention, surtout au départ de ma mère. Ils me chouchouteront beaucoup. Une grande sœur, mon aînée de 4 ans, avec qui nous vivrons pendant plusieurs années une relation fusionnelle, telle deux jumelles. C'est ici une parenthèse de MON HISTOIRE SANS CHRIST, que j'aimerais que vous reteniez, afin de mieux suivre et comprendre l'origine des blessures et regrets de mon passé qui m'ont hantée pendant des années.

II] Le Divorce de mes parents ou La porte ouverte aux blessures futures

Ma première blessure, la pire. Celle qui sera pour moi la porte ouverte à beaucoup d'autres. Cette fissure va me briser intérieurement et ouvrir la porte d'une profonde détresse, qui aura de lourdes conséquences sur mon avenir. Détresse dont j'étais bien loin d'imaginer qu'elle aurait autant d'impact, de poids et d'influence plus tard, sur ma destruction intérieure. Toutefois, je prendrais soin de cacher ma grande souffrance, en apparence. Souffrance permanente, oppressante, vicieuse et silencieuse, qui m'empêchera de normalement me construire à la suite des temps.

La séparation de mes parents : une déchirure que « je vais vivre » **comme un abandon et un rejet** de la part de ma mère. Qui elle-même en grande souffrance pour ses raisons personnelles, se verra selon elle contrainte de se séparer de nous, pendant à peu près un an et demi ou deux ans. Ce qui à mes yeux d'enfant, sera vécu comme une décennie.

À partir de ce moment- là, ça a été la dégringolade psychique, émotionnelle et mentale pour moi. Car le cercle affectif qui « m'apaisait et me sécurisait » venait d'être fissuré. Il est vrai que tout n'était pas parfait, sinon ma mère, ne serait pas parti. L'environnement était parfois hostile. J'entends encore des cris, des coups, des insultes qui ont raisonné et retenti longtemps dans mon âme, comme si c'était hier. J'avais 3 ou 4 ans, mais je m'en rappelle comme si c'était hier. Telles des gangrènes, à l'intérieur de mon âme qui me rongeront en permanence. Elles feront naître en moi un sentiment constant de colère à la moindre frustration. Et une agressivité excessive.

III] **Mon adolescence**

Adolescente rebelle et réfractaire à toute forme d'autorité, j'étais juste invivable et insupportable. J'haïssais ma vie et je ne m'aimais pas. Je détestais l'école et fuguais régulièrement du domicile familial en quête constante de délivrance et de liberté intérieure, ceci causé par mon profond mal être. J'étais en quête « **du bien-être** ».

Entre temps, mon frère aîné qui me comblait d'amour, auquel j'étais très attachée, quitta pour les mêmes raisons que ma mère, la maison familiale.

Cette rupture sera pour moi fatale. Mais je prenais toujours soin de cacher silencieusement ma souffrance afin de ne gêner et ne déranger personne. Son départ se suivra quelques temps après, de celui de ma sœur aînée avec qui j'étais fusionnelle. Là encore, pour les mêmes raisons qui ont causé le divorce et le départ de ma mère, quelques années auparavant. C'était trop pour moi.

Quand ma mère reviendra et nous contactera, à peu près 1an et demi ou 2 ans plus tard, je serai de nouveau victime de leurs conflits permanents. Papa décidera selon ses humeurs, s'il nous ferait faveur ou pas de la voir. C'était sa façon à lui de répondre au choix de ma mère, de nous avoir quitté. Et moi entre deux, je subissais. Tantôt oui, tantôt non. En bref, près de 40 ans de guerre permanente entre eux, avec en moi ce sentiment constant qui m'était imposé indirectement, de devoir choisir entre un parent gentil et un autre méchant. Triste réalité souvent imposée inconsciemment par la majorité de parents divorcés à leurs enfants. Sans dire mot, je souffrais en silence. Entre temps, Dieu Merci, j'avais des rapports harmonieux quand même avec Papa, qui malgré son caractère bien trempé était de nature joviale. Papa était un père affectueux, disponible, sympa, cool, bien qu'autoritaire et possessif. Mais c'était un homme avec qui, toutefois, bien que borné, on pouvait discuter de tout. Aussi, à mon adolescence, ma belle-mère aura une place essentielle pour moi. Elle sera une confidente, une amie intime à qui je confiais beaucoup de choses, pour ne pas dire tout. Elle me donnait de bons conseils, une maman très cool.

C'est vrai qu'elle n'était pas parfaite, mais je serais malhonnête, si je disais qu'elle ne m'a pas été utile, en l'absence de ma mère. Dans mes premiers pas de jeune fille et jeune mère, elle m'a accompagnée, m'a montrée comment faire, et m'a aidée à surmonter mes peurs, surtout la nuit, car elle prenait mon nouveau- né, pour que je puisse dormir et récupérer.

J'étais si fragile et si perturbée à 17ans, que je paniquais surtout des pleurs de ma fille, au milieu de la nuit. Ma belle belle-mère et moi étions très proche, dans une relation mère fille très intime. Nos rapports ne deviendront étroits, comme d'ailleurs avec tous les membres de ma famille, que lorsque donnant ma vie au Seigneur Jésus-Christ, je me convertis, et je changeai spirituellement.

Abandon sur abandons, sentiment de rejet éternel, blessures intérieures…

À l'âge de 14 ans, je commençais à fumer la cigarette, de temps en temps du cannabis, de l'herbe, et à boire régulièrement de l'alcool afin d'anesthésier mon mal-être intérieur. Viendra alors ma première cuite, ou plutôt ma première « Défonce » dans mon jargon de l'époque à mes 15ans. Ma pensée se porte vers toi mon amie d'enfance, ma sœur de cœur, et ma seule et meilleure amie depuis : Carole. Un mélange de Rhum, Vodka, Whisky et Sirop de fraise. Je tombais malade et je ne puis rentrer chez moi ce jour-là, n'étant plus maîtresse de moi-même. Une sévère correction bien méritée m'accueillit à mon retour le lendemain chez papa. Je multipliais les absences scolaires, radiée de l'académie de Versailles, et donc, de l'école publique, à cause de mon record en absentéisme. Mon père sera dans l'obligation de m'inscrire dans un lycée privé, afin de me contraindre à poursuivre mes études. Mon comportement criait « À l'aide » mais personne ne l'entendait. Mon mal-être me poussait à désirer la mort. Ce profond mal-être me poussera même un jour à me scarifier le visage à l'aide d'une lame de ''Gillette''. Mon Dieu que j'étais mal, que je souffrais.

Je broyais du noir en permanence. Je piquais des crises de colère impressionnantes. Je n'aimais pas ma vie. Je détestais le jour et convoitais la nuit, car mon seul désir était de mourir et en finir avec ma souffrance intérieure. En fait, j'étais « dépressive » mais l'ignorais encore.

Papa travaillait beaucoup, et sa présence à domicile était de plus en plus rare, car médecin de profession, il enchaînait gardes sur gardes à l'hôpital afin de couvrir financièrement les besoins d'une famille nombreuse. L'attention et l'affection de mon grand frère me manquaient. La complicité et la présence de ma sœur, me manquaient. J'ai passé mon enfance et mon adolescence à pleurer chaque nuit en secret, **je dis bien chaque nuit**, en silence, sans que personne ne s'aperçoive de ma grande détresse. Tant de Colère ! Tant de souffrance, et l'aide de personne. Et pendant tout ce temps, le diable cultivait en moi beaucoup de haine, de colère et une grande agressivité qui exprimaient ma souffrance. Alors à l'âge de 16 ans, perturbée et en manque d'affection qui m'avait été imposée, j'expérimentais ce que je croyais être « L'Amour ». Ce qui s'avérera être pourtant au fil du temps, plus tard « La pire rencontre de ma vie » et « Mon plus grand regret ». Le géniteur de ma première fille.

Par lui, je perdais ma virginité alors que je m'étais pourtant promise de l'offrir, à l' homme qui m'épouserait.

« Par son chantage affectif » alors qu'il devenait mon seul repère, par peur de me retrouver de nouveau seule, rejetée, abandonnée, je la lui cédais. Pensant naïvement qu'il cesserait d'aller voir ailleurs, comme il le faisait. Naïve, perturbée et sous sa très mauvaise influence ; Dieu seul sait, comment j'ai pu le regretter. Comme j'ai beaucoup pleuré ma virginité.

Cette erreur a été « l'un des plus grands regrets de ma vie ». J'ai haï ce garçon, j'ai haï le jour où je l'ai rencontré.

Ce garçon deviendra pour moi mon seul repère, au milieu d'une structure familiale brisée et recomposée. Je trouvais alors en ce garçon rebelle et délinquant, l'âme-sœur du profil rebelle et réfractaire de mon âme perdue en peine. Cette identité qui n'était pas « mon identité » et que les circonstances de la vie m'avaient imposée.

Cette relation toxique, me détruira davantage. Ce garçon instable m'apportera souffrance sur souffrance et humiliation sur humiliation pendant des années. Il passera régulièrement son temps incarcéré en prison. Je souffrais alors encore régulièrement, de ce sentiment **d'abandon et de rejet**, comme au départ de ma mère. Et son peu de temps de liberté, se transformera pour moi, en un véritable calvaire. Relation humiliante psychologiquement et violente physiquement. Victime de son instabilité, de son addiction à l'alcool et à la drogue, je vais alors « le vivre et le subir ».

Les gens de mon quartier et mes copines d'enfance me

demandaient souvent, pourquoi est- ce que je persistais à demeurer dans cette relation toxique et destructrice.

Moi-même je n'en avais pas la réponse. Ce ne sera que bien plus tard en Christ, que je vais comprendre, que cette emprise était liée à **la peur de l'abandon et du sentiment de rejet affectif**, causée par le divorce de mes parents, à mon enfance et au départ de ma mère.   « **La première porte ouverte** ». Celle qui donnera accès à beaucoup d'autres.

De ma relation complexe et toxique avec ce garçon, naîtra ma première fille. Je n'ai à cette époque que 17ans. De cette naissance, viendra encore, une succession de violence et d'humiliation psychiques et physiques de la part du géniteur de ma fille. Des violences qui avaient commencé bien avant que je ne sois enceinte, et qui ne m'avaient pas pour autant fait renoncer à cette relation toxique et humiliante, de peur d'être seule.

Face à l'évidence de mon autodestruction, après quelques années, je me résignais à devoir prendre en charge ma fille seule si je voulais vivre. Après m'être séparée de son géniteur au 6ème mois de mon enfant. **Retenez bien le terme de cette séparation : au 6e mois, après la naissance de l'enfant**. Ceci se passa, après qu'il ait tenté de me tuer, par ses pulsions instables, violentes et suite à une énième dispute quotidienne. Lors de cette dernière dispute, cette fois-là, il me fera couler un bain froid pour m'humilier, m'ayant précédemment frappée à la ceinture, il me forcera à me plonger dans l'eau, m'insultant, il tentera de me tuer à l'arme blanche, couteau de boucher en main. Ma fille enfermée et pleurant dans sa chambre, j'évitai de grâce la mort, nue et baignée dans de l'eau froide. De grâce, j'évitai ce couteau, car Dieu avait un plan pour ma destinée. Car souvent, lors de ses crises de nerfs, il me répétait « un jour, j'vais te tuer toi et ta fille ».

Jusqu'à ce qu'une fois, vers la fin de notre relation, alors que je faisais la navette entre chez mes parents qui habitaient à Noyon à l'époque et la ville de Cergy où j'habitais, en pleine autoroute, alors qu'il disait comprendre et accepter notre séparation, il me menaçait de nouveau de nous tuer. Il roulait à plus de 200 kilomètres à l'heure, avec ma fille et moi dans la voiture ; complètement incohérent, instable dans ses propos et imprévisible dans ses actions. De grâce, Dieu m'épargna encore jour-là. Une autre fois encore, il y eut ce jour où n'acceptant toujours pas de perdre son contrôle sur ma personne, il quittera Cergy, viendra à Noyon ou finalement j'avais décidé de m'installer pour être loin de lui, dans un petit studio, avec ma fille. Il me menaça cette fois-ci de « se tuer » chez moi. Il alla acheter de « la mort au rat », en but et s'étala chez moi. C'est mon père, qui habitant non loin, préviendra le SAMU[3] qui viendra alors le récupérer à temps. Ceci, après que j'ai appelé ma

<hr>

[3] Service d'Aide Médicale Urgente

belle - mère, à qui je confiais tout, pour l'informer de ce qui se passait. C'est pourquoi, voyez-vous, connaissant son instabilité mentale, j'ai délibérément pendant toute l'enfance et l'adolescence de ma première fille, mis tout en œuvre pour lui interdire la moindre approche tant qu'elle était sous ma responsabilité. C'était ma manière de la protéger, étant donné que plus d'une fois, il m'avait menacé de « nous tuer ». Je le savais capable de tout pour me faire du mal.

À l'époque j'avais 18ans. Dans le désir de re- bâtir quelque part inconsciemment, le cocon de mon enfance que j'avais perdue, nous vivions ensemble. Je subissais régulièrement des insultes dès sa moindre frustration ou ma moindre opposition. Des coups, des bleus, des interventions policières et des excuses récurrentes de sa part, tel un pervers narcissique. Mais Dieu merci, de par ma personnalité et mon caractère naturel, je ne me suis jamais laissée faire. Je m'imposais et m'affirmais, quitte à prendre des coups. Je rétorquais et l'insultais aussi, me défendant comme je pouvais.

« C'était de ma faute, disait-il. Je n'avais qu'à fermer ma grande gueule et le respecter ! C'est moi qui le poussais à bout. Je ne recevais que ce que je méritais », disait-il ; comme le dirait n'importe quel lâche instable face à une femme qui ne fait pas physiquement le poids. Mais ne vous inquiétez pas, mes grands frères lui ont donné plus d'une fois « de bonnes raclées ». Le peu de fois où j'ai fait appel à leur intervention ; bien qu'ils ne savaient pas entièrement l'enfer que je vivais.

Le diable utilisera puissamment ce garçon afin de me détruire, mais l'appel de Dieu sur ma vie a eu raison sur ce projet diabolique. Je l'ai longtemps maudit et haï. Il me répétait sans cesse, que je n'étais rien, ni personne. Qu'à part lui, aucun homme ne voudrait d'une fille comme moi. Il me rabaissait, me frappait et m'humiliait publiquement. Alors qu'il n'était rien, ni personne lui-même. À une période, j'étais devenue la risée du quartier. Certains de mes frères congolais du quartier, ne me parlaient plus, car disaient-ils, je leur faisais honte. Car tous avaient tenté de me raisonner, me conseillant de rompre cette relation toxique, en vain.

Après cette dernière épreuve et à mes 18ans, je retournais vivre chez mes parents. Ce qui fut pour moi un véritable échec. Je le vivais comme « un abandon, un rejet, un retour en arrière ». Je regardais ma fille et me demandais : « quelle vie pourrais-je lui offrir maintenant ? » Mais surtout, quel géniteur, lui avais - je imposé ! Tant de regrets et de blessures intérieures, à mon si jeune âge.

À cette époque, j'ignorais que Dieu me connaissait.

> *« ...Avant que je t'eusse formé dans le ventre de ta mère, je te connaissais et avant que tu fusses sorti de son sein je t'avais consacré je t'avais*

établi prophète des Nations. »

(Jérémie 1 verset 5)[4]

Ou encore :

> « *Quand tu n'étais qu'une masse informe, mes yeux te voyaient. Et sur mon livre étaient tous inscrits les jours de ta destinée, avant qu'aucun d'eux n'existât* » **(Psaumes 139 verset 16)**[5].

À cette saison de ma vie sans Christ, j'ignorais qu'il me réservait bien meilleur sort. J'ignorais qu'il avait tout prévu, selon qu'il avait écrit à mon sujet dans sa Parole :

> « *Je connais les projets que j'ai formé sur toi, dit L'Éternel, projet de paix et non de malheur, afin de te donner un avenir et de l'espérance*».

(Jérémie 29 verset 11)[6].

Ô, à cette époque, j'étais aussi loin de penser que l'homme de ma destinée, **le Révérend Bertrand Rim**, avait déjà commencé à semer pour notre futur avenir commun. En offrant contrairement à moi, «sa jeunesse en sacrifice à Christ ». À cette époque, il débutait son Ministère dans mon pays d'origine : la RDC (République Démocratique du Congo). Il était déjà un Ministre de Dieu.

---

[4] La bible, version Louis Second révisée.
[5] La bible, version Louis Second révisée.
[6] La bible, version Louis Second révisée.

IV] **Ma vie de jeune mère, des pères différents pour mes 3 filles**

Désormais jeune mère, « l'enfant blessée et brisée » toujours présente à l'intérieur de moi n'avait qu'un objectif : rebâtir la structure familiale qui avait été détruite à son enfance, « retrouver l'amour perdu de mon enfance ». Mais tout cela était inconscient.

Ayant définitivement rompu avec le géniteur de ma fille, je décide à présent de m'offrir une nouvelle histoire, aux 2 ans de celle-ci. Je fais alors la rencontre de celui qui sera le géniteur de ma deuxième fille. Je pensais que notre différence d'âge, de plus de 15 ans serait la solution. Je pensais qu'un homme mûr d'âge serait d'office responsable, capable et apte à comprendre et répondre à ma détresse. Quelque part , je pensais qu'il serait capable de remplir mon vide. J'étais jeune, têtue, mais surtout très naïve. À cette rencontre, j'avais alors 19 ans et il en avait 35. Ceci dit, les liens d'échec, d'humiliation , de rupture, d'abandon, de rejet et de perpétuel recommencement me réclamaient tranquillement en silence.

Cet homme fréquentait le milieu de la nuit en tant qu'agent de sécurité. Il fréquentait les boîtes de nuit, les milieux d'ambiance , etc… ce qui m' arrangeait, étant donné que j'étais moi-même, à cette époque, une bonne viveuse et ''ambianceuse''. Malheureusement pour moi, j" allais de nouveau avec un alcoolique. Je m'en rendis compte au fur et à mesure des 2 ans et demi, passés à ses côtés. Un quotidien que je ne souhaite à personne. Au commencement, il me promit ciel et terre et désirait un enfant. Mais une fois que ma deuxième fille vint au monde, il me méprisera à son tour. Il m'insultera, m'humiliera et me frappera.

Je me souviens que le jour de mon accouchement, il m' abandonna seule à la maison avec ma première fille, qui avait 3ans1/2 alors que j'étais en plein travail. L'un de ses amis, passait en jugement au tribunal de grande instance. C'était « sa priorité » me disait t- il clairement. J'allais alors seule avec ma fille en taxi à l'hôpital et j'accouchais seule. Et à peine sortie de la maternité avec l'enfant, le lendemain, malgré une épisiotomie qui me faisait souffrir atrocement, il m'imposait d'aller en transport en commun retirer mon acte de naissance à la mairie de Corbeil-Essonnes, afin de constituer son dossier de demande de carte de séjour, en qualité de père d'un enfant français car j'étais française. Le début de mon second calvaire alors, ne faisait que commencer. Insultes, coups et mépris.

Au **6ième mois de ma 2ième fille**, (rappelez-vous, comme pour la première) on se sépara. Après qu'il m'ait longuement maltraitée et menacée de tuer ma première fille. Enfant qu'il ne supportait plus, mais toutefois et surtout, « mon enfant ».

Mais grâce à Dieu, j'ai tenu ferme et debout. Bien qu'humiliée par sa faute à mainte reprises, salie, discréditée et disgraciée aux yeux des gens. Toutefois, que voulez-vous, c'était ma fille. Je l'aimais, et me devais de l'assumer et la supporter jusqu'à sa majorité. Après quoi naturellement, petit à petit, nous nous sommes séparées , comme « d'un commun accord». Sans nous être consultées, Dieu sachant ce qui était bon pour tous car *« Toutes choses concourent au bien de ceux qui aiment Dieu. »*

(Romains 8 verset 28)[7].

Triste à dire, mais à partir de ce moment-là, la paix s'installait dans l'ensemble de mon foyer au plus grand bien de tous, jusqu'aujourd'hui.

---

[7] La bible, version Louis Second révisée.

CHAPITRE 2

Ma nouvelle vie en Christ

I] Ma rencontre avec le Seigneur

C'est en été 2000 que tout a basculé. Je venais à peine d'accoucher de ma deuxième fille. Qui avait 2 mois lorsque je donnais ma vie à Jésus-Christ. En ce temps-là, j'avais une tantine qui vivait, pas très loin de chez moi. Elle avait donné sa vie au Seigneur après avoir traversé elle-même de dures épreuves. Régulièrement elle m'évangélisait et me parlait de Jésus. Au début c'était sympa, mais à un moment elle commençait sincèrement à me gonfler. Pour vous dire que les esprits impurs et rebelles qui m'animaient commençaient à s"agiter. Le diable savait que mon heure n'allait plus tarder à sonner ! Tantine m' invitait toujours à venir à l'église avec elle, à chaque fois qu'elle passait à la maison. Au début je n'y voyais aucun inconvénient, mais plus elle insistait chaque jour, et plus elle m'énervait et m'oppressait. Jusqu'à un moment donné, je ne lui ouvrais plus la porte lorsqu'elle sonnait. Soit, je lui ouvrais, mais avec une cigarette à la main et de la musique mondaine, juste histoire de la décourager, la provoquer et la dissuader, afin d'arrêter de m" importuner. Un jour, tellement elle insistait, je lui dis clairement « je sais que je viendrais un jour à Christ, mais pas maintenant alors arrêtes de me forcer. Car saches que le jour où je viendrai, c'est que mon heure aura sonné. Et pour moi quand je quitterai le monde, ce sera sérieusement et sincèrement ». Tantine me dira avec sourire « Amen ». Elle comprendra que l'insistance de sa semence à chaque passage commençait à germer malgré ma résistance.

Quelques jours après, mon mal être s'accentuait. Je ressentais la mort en moi. Plus aucun plaisir de vivre, je me posais beaucoup de questions sur ma vie. Je ne comprenais pas le sens de ma vie et étrangement, je pressentais constamment que j'allais mourir. Un sentiment, une certitude que je ne saurais expliquer, une tristesse constante. Parfois, il m'arrivait de regarder mes deux petites filles en pleurant. Mon âme leur demandait pardon d'avoir accumulé tant de mauvais choix, et de les avoir embarquées dans « ma galère » et mes erreurs. Ce n'était pas mon intention.

Je criais dans mon âme de jeune mère perdue ''**pardon** mes bébés, **pardon** mes bébés''.

J'avais si mal, si honte de moi. Seul Dieu pouvait me comprendre. Je souffrais de n'avoir pu être à la hauteur de mes propres exigences, après avoir moi-même souffert en tant qu'enfant. Dieu seul savait et comprenait.

En cette période, je ne vivais que des allocations

familiales. Et nous venions d'emménager à Montreuil avec le géniteur de ma deuxième fille. Je n'avais jamais travaillé et dépendais entièrement de cet homme, (décédé aujourd'hui), qui une fois mon acte de naissance et celui de ma fille entre ses mains, le lendemain de ma sortie de la maternité, me montrera un mépris tel que vous ne pouvez imaginer. Il m'insultait de bonne à rien, il s'attaquait même à mon physique pour me déstabiliser et me déséquilibrer au plus profond de moi, afin de me réduire à rien. Cet homme était un maître judoka et était initié dans des pratiques occultes, à un certain niveau que j'ignorais à l'époque. Je l'apprenais et ne le compris que bien des années plus tard. Pourtant, je voyais bien des choses étranges dans mon appartement, et il me disait, que ce sont des esprits qui le persécutent. Comment vouliez- vous que je considère concrètement de telles choses et de tels propos alors que je n'étais pas spirituelle. Il était capable de me dire même ce que je faisais en son absence. L'insigne d'une tête de mort était tatoué sur l'un de ses bras. Il buvait telle- ment, que parfois il ne distinguait plus la réalité de ses illusions causées par son addiction. À partir du moment où il était devenu administrativement « père d'un enfant français », je devais me débrouiller pour tout (toute seule). Il ira jusqu'à se déclarer aux allocations familiales, dans le but d'y percevoir individuellement des droits. Ce qui engendra pour moi une coupure de mon statut de femme seule et mes allocations furent coupées. Du coup, plus de quoi m'entretenir avec mes deux petites filles. Manger était devenu difficile. Je me débrouillais alors de droite à gauche, étant au bout du rouleau. Tantine me dépannait de temps en temps afin de nourrir mes filles. J'aurais pu demander de l'aide à ma famille, mais ma fierté m'imposait d'assumer seule, mes propres erreurs et mes mauvais choix.

Mes nuits étaient devenues horribles, je rêvais souvent de ma mort et de beaucoup d'autres choses diaboliques d'ailleurs. Maris et femmes de nuit, des rapports sexuels qui s'étaient imposés dans mes rêves, avec des hommes, des femmes. On me poursuivait toujours, on me frappait lorsqu'on me rattrapait. Je me réveillais avec des marques douloureuses dans mon corps. Je souffrais d'esprits impurs qui possédaient sexuellement mon corps, sans que j'en ai le contrôle. C'est d'ailleurs, la première délivrance surnaturelle que Christ opérera en moi. Je dis encore aujourd'hui Merci du fond du cœur à mon Seigneur et mon Sauveur Jésus-Christ. Il m'a libérée et délivrée.

J'étais si fatiguée et souffrais d'un profond dégoût pour mon propre corps. Je me dégoûtais et me demandais sans cesse, si un jour je serais « une Femme Normale ». Dans cet appartement où je vivais, il se passait des choses étranges et je me sentais constamment contrôlée, pistée et oppressée. Le sentiment de la mort, et d'une influence maléfique m'environnait en permanence. J'avais le sentiment de ne jamais être seule, depuis toujours d'ailleurs.

J'avais le sentiment que je n'allais pas voir mes filles grandir. J'avais un profond dégoût « des hommes ». Avant de donner ma vie à Jésus, je me disais toujours, que je ne me marierais jamais. Je me disais que certainement , j'allais soit mourir jeune, me suicidant, soit j'allais finir par tuer quelqu'un, un jour et finir en prison. Tant mon impulsivité et mon agressivité étaient sans pareilles. J'étais hystérique, fatiguée de ma vie trop lourde à porter, à mon si jeune âge.

Fatiguée, j'appelais alors tantine pour lui expliquer les phénomènes étranges que je ressentais et voyais dans mes rêves. Mes sentiments étranges en permanence et ce qui se passait d'étranges dans mon corps et mon appartement. Aussi j'avais perdu la veille, mon portefeuille, avec ma pièce d'identité, rien n'allait plus et tout s'empirait. Tantine comprendra et saisira alors l'occasion pour me faire prendre conscience de la nécessité et l'urgence de me décider enfin à accepter **Jésus-Christ** dans ma vie. Disposée, mon heure était arrivée ! C'est dans ma cuisine, à Montreuil, un certain mois de juillet 2000 que j'acceptais le Seigneur Jésus-Christ comme mon Seigneur et Sauveur personnel. C'est dans ma cuisine, à la maison, que tantine me tiendra les deux mains, me fera faire la prière d'acceptation et me dira « Bienvenue dans le Royaume des cieux ! Désormais Christ est entré dans ta vie, dans ton cœur ».

J'étais heureuse, soulagée et surprise à la fois que ce soit aussi simple. Oui, notre Seigneur est si simple. Je sentais alors quelque chose de pure, de saint et paisible pénétrer mon cœur. Un sentiment intérieur apaisant.

> *« C'est en croyant du cœur qu'on parvient à la justice et c'est en confessant de la bouche qu'on parvient au salut. »*

(Romains 10 v 10)[8].

C'était un samedi soir et le lendemain je m'apprêtais à découvrir **L'Assemblée des Saints**, l'église du Dieu vivant. Je ne puis dormir cette nuit-là. Quelque chose s'était passé , je savais que ma vie n'allait plus jamais être la même. Amen.

---

[8] La bible, version Louis Second révisée.

II] L'Église et mes combats spirituels

J'étais déjà allée deux fois dans une église de réveil, quand j'avais 11 ans avec ma sœur aînée. Mais mon père en ayant eu connaissance, s'était farouchement emporté et nous avait **strictement interdit** de tenter d'y remettre nos pieds. Au risque de venir nous chercher par force à l'intérieur du **lieu de la vérité**, qu'il nommait « Secte ». Il menaçait de frapper « les Pseudos Pasteurs illettrés » qu'il méprisait profondément. Ce qu'il fera d'ailleurs publiquement un jour en plein culte deux ans après ma conversion. Déclarant haut et fort la main posée sur ma tête et celle de mes sœurs « je suis le Dieu d"elle, elle, elle et elle !». Furieux d'avoir appris que j'avais désobéi à l'interdit et que j'avais ramené mes sœurs à l'église, m'accusant de les conduire en enfer avec ma secte. J'étais humiliée publiquement et mon pasteur menacé d'un sabre. Et croyez-moi, une humiliation comme celle-ci en plein culte, je la revivrais encore plus tard, mais cette fois ci persécutée par le géniteur de ma deuxième fille. Juste pour vous dire que l'acharnement du diable dans ma vie est un système avec lequel j'ai appris à vivre et gérer grâce à Dieu. Les combats, les attaques de part et d'autre, la persécution et l'humiliation, à cause de la vérité, je l'ai toujours vécu, assumé et dignement subi, c'est pourquoi Dieu m'a bénie.

« …Et L'homme aura pour ennemis les gens de sa maison. Celui qui aime son père ou sa mère plus que moi n'est pas digne de moi, et celui qui aime son fils ou sa fille plus que moi, n'est pas digne de moi ; celui qui ne prend pas sa croix et ne me suit pas n'est pas digne de moi ; celui qui conservera sa vie la perdra et celui qui perdra sa vie à cause de moi, la retrouvera. »

(Matthieu 10 v 36 à 39)[9].

Suivez attentivement mon histoire …

*

*   *

Bien que j'étais majeure, libre de mes choix, de ma foi et ma volonté, le diable voyant mon étoile s'est littéralement acharné sur moi dès ma naissance. Vous savez, de la même façon que Dieu passera par des hommes pour vous bénir et vous libérer, le diable passera également par des hommes, et particulièrement ceux qui vous sont les « plus proches et que vous aimez le plus » pour vous fragiliser émotionnellement, psychologiquement et ainsi tout faire pour parvenir à mieux vous détruire. Système de contrôle et de domination affectif, parfois de manière consciente et volontaire et parfois de manière inconsciente.

« La grande majorité » de ma famille biologique s'est littéralement acharnée sur moi. À vrai dire, ma capacité à

---

[9] La bible, version Louis Second révisée.

37

dire tout haut ce que presque tout le monde voit, sait et n'ose pas dire tout haut a été leur plus grande cible. Mon « Franc - Parler » ; à toujours « répondre par la vérité » ; a toujours dérangé. Seule mais sereine, face à une devise familiale bâtie sur « l'hypocrisie et les Faux semblants » de tous. Des personnes qui haïssent et considèrent la vérité comme « une insulte » à leur système de pensée.

Une famille biologique, qui, pour la plupart espèrent et espéraient parvenir en se prêtant main-forte les uns aux autres, à me détruire. Utilisés par le diable dans le but de me faire perdre ma foi en Dieu et rejoindre leur système familial de pensée. Ma famille biologique a tellement été toxique psychologiquement pour moi, que leur acharnement a commencé à un moment de ma vie à atteindre ma santé physique et psychologique, après un énième coup de leur part, dans l'espoir de me pourrir la vie et me détruire. Cela me vaudra « un choc émotionnel ». Et suite à des symptômes maladifs, le médecin après m'avoir auscultée et avoir écouté le récit de mon histoire en lien avec le choc émotionnel, posera un diagnostic. Médecin généraliste, psychologue et enfin le psychiatre me diagnostiqueront médicalement en « dépression Majeure » en lien avec des rapports familiaux dits toxiques pour ma santé. Dieu m'est témoin, frère et sœurs, sans la présence de mon mari et certains membres de mon église devenus ma famille, je ne pense pas que j'aurais pu surmonter cette épreuve bien que j' étais déjà prédicatrice. Je ne remercierais jamais assez mon Seigneur de la vie. Gloire lui soit rendue ! Lui qui m'a dit (…) *« Si l'on forme des complots, cela ne viendra pas de moi, quiconque se liguera contre toi, tombera sous ton pouvoir. »*

(Esaïe 54 v 15)[10].

Je le confirme par expérience bien aimé-e-s, l'Éternel est vraiment fidèle et cette parole est une vérité certaine.

J'étais entre, anxiolytiques et antidépresseurs prescrits par le psychiatre. Dès les premiers cachets, que mon corps a instinctivement rejeté au bout deux jours, mon époux que j'appelle mon ange gardien physique, m'a plutôt soignée avec tout son amour. Ses prières et ses impositions de mains. Il m'offrira pour me permettre de m'évader un merveilleux voyage aux États-Unis, où il m'exhorte « À garder la tête haute» afin de ne pas leur faire plaisir et les réjouir. Il me gâtera de cadeaux pour me faire du bien. Chaque nuit où j'arrivais à dormir était une victoire et mon chéri me disait sans cesse « Ça va aller ma chérie, Dieu est avec nous. Tout se retournera contre eux, tu verras ». Et en effet, il ne mentait pas. Petit à petit les symptômes dépressifs me quittaient. Angoisses, insomnies, mélancolies, profonde tristesse et douleurs psychosomatiques s'évaporaient pour laisser place à ma joie naturelle de vivre et très vite bien aimés, mon Ministère explosa de Gloire.

---

[10] La bible, version Louis Second révisée.

Le diable était déterminé à me détruire dès ma naissance. Si bien qu'à deux reprises, lorsque ma mère me lavait à ma naissance, j'eus deux fois un arrêt cardiaque avec hospitalisation. Vous comprendrez que satan ne pouvant stopper le plan parfait de Dieu pour ma vie, et voyant mon étoile briller, n'avait point d'autre alternative, que de battre fortement campagne contre moi par le biais des propres membres de ma famille biologique. Ceci dit, ils échouèrent les uns après les autres lamentablement, jusqu'à ce jour et je le déclare pour toujours, grâce à la fidélité de mon Dieu ; prisonniers et captifs pour certains de leur haine et leur jalousie maladive. Car personne ne peut ni détruire ou maudire un véritable enfant de Dieu.

Le but de l'ennemi ? Tout simplement me dissuader, m'amener à renoncer à la vérité et me ramener dans le système commun et conforme à un contrôle familiale toxique et destructif pour moi. La stratégie de l'ennemi? Apporter opprobre, disgrâce et discrédit à mon appel, à mon témoignage par des calomnies à mon sujet. Je vous passe là, beaucoup de détails qui sont longs et profonds, de ce que j'ai dû supporter et endurer. Car le plus important, c'est que voulant et pensant réussir à me nuire et à me détruire, ils m'ont au contraire fait « progresser» dans ma confiance et mon attachement en Dieu. À force de leurs attaques, ils m'ont permise de prendre conscience, que Dieu m'a véritablement distinguée d'eux. Tous leurs efforts pour me nuire et me détruire m'ont au contraire forgée, fortifiée, solidifiée mentalement, spirituellement, et m'ont davantage épanouie !

Bien aimé-e-s, sachez que la devise du diable pour toutes les familles est de « **diviser pour mieux régner**». En les maintenant dans l'ignorance et l'aveuglement spirituels, sous le contrôle d'un système destructeur au fil du temps. Cultiver et développer des rivalités, de la jalousie, des complexes d'infériorité chez les plus faibles d" esprits, pour les utiliser à se lever en rivalité contre les plus charismatiques et influents d'entre eux. Objectif, maintenir dans des conflits constants afin de nuire et détruire. Éloigner ou tout faire pour détruire la vie de quiconque tenterait d'échapper à ce contrôle toxique et diabolique par la vérité du Christ.

> *« Vous connaîtrez la vérité et la vérité vous affranchira. »* (Jean 8 v 32)[11].

C'est pourquoi bien aimé-e-s, protégez et préservez vos générations futures, vos enfants, « votre famille », que vous avez le droit de bâtir librement en Christ.

> *« Ne vous tournez point vers ceux qui évoquent les esprits, ni vers les devins, ne les recherchez point, de peur de vous souiller avec eux ».* Dit

---

[11] La bible, version Louis Second révisée.

L'Éternel. (Lévitique 19 v 31)[12].

Car tôt ou tard, des malédictions générationnelles réclameront même vos enfants innocents …

« Qu'on ne trouve chez vous, personne qui fasse passer son fils ou sa fille par le feu, personne qui exerce le métier de devin, d'astrologue, d'augure, de magicien, d'enchanteur, personne qui consulte ceux qui évoquent les esprits, où disent la bonne aventure, personne qui interrogent les esprits des morts. Car quiconque fait ces choses est en abomination à l'Éternel. »

(Deutéronome 18 v 10 à 12).[13]

Je n'ai pas honte de la Vérité, je n'ai pas honte la Puissance qui m'a libérée ! Je n'ai pas honte de témoigner d'où mon Seigneur et Sauveur Jésus Christ m'a ramassé. Car il m'a dit :

« Ne les crains donc point, car il n'y a rien de caché qui ne doit être découvert, ni de Secret qui doit être connu. Ce que je t'ai dit dans les ténèbres, Dis-le en plein jour. Et ce qui t'es dit à l'oreille, prêches le sur tous les toits. Ne crains

---

[12] La bible, version Louis Second révisée.
[13] La bible, version Louis Second révisée.

pas ceux qui tuent le corps et qui ne peuvent tuer l'âme crains plutôt. Celui qui peut faire périr l'âme et le corps dans la géhenne ».

(Matthieu 10 v 26 à 28)[14].

Libérée aujourd'hui d' un contrôle familial malsain et d' une influence familiale toxique, je **témoigne de ma grâce** car je suis libre ! Je rends Gloire à mon unique Seigneur et Sauveur Jésus-Christ, à qui je dois tout. Aucun de leurs complots n'a réussi à me mettre « K.O » et aucun dans le futur n'y parviendra au Nom de Jésus. Christ mon Rocher, a été mon pilier. Ils ont tout tenté pour me faire abandonner, tout utilisé pour m'ébranler dans ma foi, mais Dieu fidèle, j'ai remporté avec Christ tous mes combats ! J'ai gardé la foi !

« Ils m'ont fait la guerre, mais ils ne m'ont point vaincu ; car L'Éternel est avec moi et m'a délivré. »

(Jérémie 1 v 19)[15].

Mon jour **J** étant donc arrivé ! J'entrais alors **librement** à l' Église et je goûtais à cette merveilleuse présence de Dieu qui ne me quitta plus jamais.

---

[14] La bible, version Louis Second révisée.
[15] La bible, version Louis Second révisée.

« ...désirant comme un enfant nouveau-né, le lait
spirituel et pur de la parole. Afin de croître par
lui. Je goûtais alors librement frères et sœurs,
combien le seigneur est bon. »

(1 Pierre 2 v 2 à 3)[16].

L' Église devint alors mon havre de paix. La Parole de Dieu, la louange et l'Adoration mon antidépresseur et mon anxiolytique. Je revivais, respirais et y rencontrais l'homme de ma destinée, **Le révérend Bertrand Rim**. Sans toutefois savoir qu'il serait, cinq années plus tard, mon mari. Sans savoir que je venais de rencontrer « la connexion de ma Destinée ». L'agent déclencheur de ma délivrance.

Tout de suite et très vite, je fus fascinée par ce jeune pasteur de 25 ans à l'époque. Ce fût « Mon Premier Pasteur». Sa Passion pour Christ me captivait, me stimulait et ses enseignements nourrissaient abondamment ma soif. Voyant mon zèle et ma détermination pour Dieu, il me prit sous son aile et une proximité sans aucune ambiguïté naissait d'une pure relation entre un père spirituel et sa fille. Je lui confiais mes nombreux problèmes, il m'encourageait et me fortifiait. Mais m'avertissait également qu'au mois de décembre 2000, il nous quitterait pour s'installer aux États-Unis car c'était son rêve. Étant un homme de Dieu déjà

---

[16] La bible, version Louis Second révisée.

très pris à l'époque, je ne le voyais donc pas souvent non plus. Pendant 4 mois, je persévérais du mieux que je pouvais dans la Foi. Mais plus je priais, plus mes problèmes augmentaient, mes nuits étaient horribles, et mes problèmes s'accentuaient. Et le géniteur de ma deuxième fille me persécutait chaque jour que Dieu faisait. Il insultait l'église, et me combattait à domicile, dès que je priais. Il entrait dans la pièce, et se mettait à se moquer de moi et m'insultait. Ma famille ayant appris ma conversion, m'avait aussi tourné le dos. J'étais seule, immature dans la foi, et confrontée en même temps à la réalité des imperfections que je voyais à l'Église qui furent pour moi une grande occasion de chute.

Je quittai alors l'Église et retournai alors dans le monde, pendant 6 mois ; moi qui avais arrêté de fumer et de boire, d'aller en boite de nuit, et d'écouter de la musique mondaine. Je récupérais alors tout ce que j'avais vomis autrefois, par amour pour Christ. Je retournais avec mes deux enfants, habiter de nouveau dans la maison familiale et paternelle. **Réclamations et contrôle familial** ! Je retournais malgré moi, trop seule et vulnérable au bercail ; « éternel recommencement en arrière ». Mais le Seigneur que j'avais réellement rencontré et la puissance de la vérité, que je ne pouvais renier au plus profond de moi-même, ne cessait de me troubler. Ma conscience était chaque jour tourmentée.

À cette période, j'étais oppressée, très déçue du comportement des chrétiens, du manque d'amour. Le pasteur Rim m'envoyait des messages par le biais de tantine, il m'appelait à revenir, et m'avertissait de mon égarement, mais je l'évitais. Je ne répondais plus à ces appels et refusais radicalement de revenir. Je résistais, quoi que mal intérieurement. Je le payerai cher plus tard.

Le diable m'avait bien eue, et je n'allais pas tarder à en subir les conséquences. Car dans tout ça, je n'avais pas la paix. L'adoration, la Parole de Dieu et la louange me manquaient.

L'atmosphère qui traitait mon âme en peine, mon anxiolytique et mon antidépresseur spirituels me manquaient. C'est à cette période que je rencontrai alors le géniteur de ma troisième fille, « en boite de nuit ».

Rappelez-vous, comme à la rencontre du géniteur de ma deuxième fille, je sortais à nouveau d'une rupture, d'un échec et j'habitais « de nouveau » chez mon père, mais cette fois-ci, « avec 2 enfants ».

Cet homme était aussi plus âgé que moi. Il avait une situation stable d'après ses dires, et me proposa de m'installer avec lui, dans un appartement qui allait lui être mis à disposition dans quelques mois. Étant en galère et recherchant une stabilité pour mes deux filles, je saisis sans réfléchir cette porte ouverte, qui me permettrait de réaliser « mon rêve » de rebâtir le foyer détruit à mon enfance. Ignorant qu'on ne peut **rebâtir** sur d'anciennes ruines, sans obéir à Christ, et sans être guéri soi-même, de ses blessures et dégâts intérieurs. J'étais décidément pitoyable, désespérée, manquant grandement de connaissance mais surtout, de foi.

Cet homme était gentil, mais je n'en étais pas amoureuse. Il prenait soin de moi et mes filles, je m'étais résignée à me dire que lui au moins m'aimait et ne me faisait pas de mal. Il était gentil avec mes petites filles et moi. Très vite, je lui avouai que j'étais une chrétienne rétrograde. Que je n'étais pas en paix avec moi-même, à cause de ma connaissance de la vérité. Il me parla alors de son pasteur et m'amena à l'église. Je retrouvai à ce moment, **mon souffle de vie** et je rencontrai mon second pasteur, le **Pasteur Rémy MOPENGÉ** de L'église *La Main de L'Éternel* à Créteil. C'est sous sa vision de repentance et de sanctification que je me fis baptiser. Je m'assis alors pour recevoir les bases élémentaires et fondamentales de la parole de Dieu. Je m'affermis , et ne quittai plus l'église, bien que toujours parfois un peu têtue et impatiente.

J'abandonnai le péché de nouveau, et me consacrai de nouveau à Dieu. J'avais la paix, j'allais à l'église. Je m'étais bien intégrée et m'épanouissais spirituellement. Mon pasteur jusqu'aujoud'hui, parle de mon témoignage, comme le plus grand fruit de sa vision de repentance et sanctification. Car avant mon baptême, je décidai de déposer à ses pieds, tout ce que j'avais volé pendant des années dans les magasins, alors que j'étais encore païenne dans le monde. Vêtements, chaussures, produits cosmétiques, sacs à main etc. Je me sentais libre et épanouie spirituellement.

J'étais un modèle de sincère conversion et mon

pasteur en était très fier. Un jour, en plein culte, surgit de nulle part, le géniteur de ma deuxième fille, qui soudainement décida de nuire à ma nouvelle relation après pourtant plus d'un an de séparation. Lorsqu'il apprit que j'avais changé, que je m'étais convertie et que j'avais recommencé ma vie, il décida de me pourrir la vie. Il vint un dimanche en plein culte, accompagné de toute sa bande de voyous bourrés d'alcool, « afin de faire couler du sang » disaient-ils. Et de nouveau, on menaça mon doux pasteur, m'insultant de tous les noms, m'humiliant publiquement et me calomniant en plein culte ! Bien aimé-e-s, imaginez vous-même un peu. On se cacha dans des lieux où ils ne purent nous faire du mal, en attendant la venue de la police. J'ai tellement pleuré ce jour-là, en demandant à Dieu, pourquoi il avait permis que cela arrive. Je ne comprenais pas.

On nous fit sortir par une porte arrière, qui nous permit de nous enfuir de l'église. C'est en chemin vers le métro, en route, qu'un ange de Dieu m'apparut. Me voyant pleurer, il commença à me parler de la part du Seigneur, et m'appelant par mon nom, sans que je ne m'en rende tout de suite compte (tellement blessée et brisée dans mon âme). J'étais avec une de mes sœurs et le futur géniteur de ma troisième fille. Cet ange sous forme humaine, me fortifia par des paroles prophétiques, me disant de tenir bon et de ne pas abandonner car après beaucoup d'épreuves et de persécutions, j'aurai une vie très heureuse car l'Éternel

49

m'élèvera. Cet homme, après quelques pas avec nous, nous dit au revoir et s'en alla. Et en l'espace de même pas 10 secondes, mon esprit s'éveilla ; et se demanda comment cet homme savait ce qui s'était passé et comment je m'appelais. Mais le temps de me retourner pour l'interpeller, il avait disparu. Fortifiée et comprenant que c'était un clin d'œil du Seigneur, je poursuivis ma route.

Au fur et à mesure du temps, je découvrais que cet homme avec qui je vivais me cachais beaucoup de choses. Ceci dit, il m'aimait sincèrement, ne me faisait aucun mal, prenait soin de moi et mes deux petites filles. Par contre, c'était moi qui lui faisait payer de par mon impulsivité, mes blessures intérieures, mon mal-être et ce que j'avais moi-même subis, dès ma moindre frustration. Malgré cela, il avait accepté ma consécration à Dieu, bien que vivant dans la même maison. Il respectait mon souhait d'abstinence avant le mariage, après que je sois retournée à l'église. Pendant plus d'un an, jusqu'au jour de ma dote où je fus de nouveau humiliée publiquement dans ma famille.

Ce jour-là, pendant la cérémonie de la dote, alors que j'étais enfermée dans une pièce, j'ignorais le scandale qui se faisait à l'extérieur. Cet homme s'était présenté sans la dote que mon père avait exigée, et avait donné un chèque en bois à encaisser le lendemain. Les choses qui avaient été demandées sur la liste de mon père, étaient à moitié et de qualité insultante. Je ne compris que plus tard, que Dieu m'avait préservée d'une alliance qui n'était pas la mienne malgré toute cette humiliation. Mes frères étaient en colère, ma famille était scandalisée et moi enfermée dans cette pièce à part, je n'ai eu connaissance de ce qui se passait que quelques jours après.

Pendant les semaines qui précédaient ce jour, je n'avais pas la paix, car tout au long de mes préparatifs, trop de mauvais signes me troublaient. Mais impatiente et têtue, voulant à tout prix me poser, fatiguée de ma vie, j'espérais enfin en terminer avec cette histoire de mariage, afin de me consacrer au service de Dieu. Ce n'est que 4 jours après, surprise par la venue de mon père à mon domicile, après la cérémonie de la dote, que j'appris ce qui s'était passé. Papa vint nous voir et jeta la liste de la dote sur la table. Outré du chèque en bois, qui lui avait coûté des problèmes à la banque. Disant à cet homme qu'il lui avait manqué de respect, m'avait déshonorée, humilié ma famille et qu'il ne validait pas ce mariage coutumier. Encore une fois, j'étais humiliée.

Et pourtant, ce n'était pas faute d'avoir été avertie par le Saint-Esprit de toutes les manières possibles. Mais comme je vous l'ai dit, j'étais toujours « têtue et impatiente ». À plusieurs reprises, pendant les préparatifs, je demandais à cet homme pourquoi je sentais un problème à ce mariage coutumier. Il me cachait la réalité de ses sérieuses dettes et problèmes financiers, de peur de me perdre. Je fus scandalisée à l'annonce de tout ce que mon père me révélait. Je décidai alors d'arrêter cette relation. Mon père me calma et donna un délai de 2 mois à ce monsieur pour rétablir mon honneur. Je restai donc mais, avec pour projet dans mon Esprit, de le quitter, après m'être trouvée une situation, un plan **B** rapide, pour me venger dans les jours à venir. Mais la vie en avait décidé autrement car ignorant ce qui s'était déroulé pendant la cérémonie de la dote, et contente à mon retour chez moi et (à cette époque, considérant selon ma culture la dote, comme le mariage officiel) je tombai enceinte de ma troisième fille. Je me rendis compte deux semaines après la « fausse dote » que j'étais enceinte. Mes projets de quitter cet homme, furent remis alors en question. J'étais de nouveau coincée, à cause de ma « têtutesse, mon manque de foi et de mon impatience ».

Mesdemoiselles et mesdames, ne faites jamais ces erreurs, soyez patientes, dociles à la parole de Dieu et ayez la foi. Cela vous évitera bien des regrets, des dégâts et du retard.

Cet homme fit tout pour se rattraper, mais plus je croissais dans la foi et dans la connaissance de la parole et plus je savais qu'il n'était pas l'homme qui m'était destiné. Lorsque ma 3ème fille eu à son tour 6 mois, un évènement surgit et m'en sépara. Notre relation battait certes déjà de l'aile. Non particulièrement par sa faute, mais parce que plus le temps passait et plus je me trouvais malhonnête de rester avec lui, car au fond, j'en étais attachée et reconnaissante, mais pas amoureuse.

Alors que nous avions reçu un courrier d'expulsion avec un délai de 2 semaines, nos rapports étaient déjà tendus, car régulièrement, des personnes venaient le menacer à domicile, à cause de ses nombreux emprunts et dettes qu'il avait contractés, sans pouvoir les rembourser. Il m'avait caché beaucoup de choses, y compris son identité usurpée avec laquelle il avait bâti sa vie. Il était mêlé dans une affaire de fraude et de fausse identité, que j'ignorais et dont je n'ai eu connaissance que quelques semaines avant notre expulsion, lorsque que la police, le fit maintenir en garde à vue. J'aurais tellement à vous raconter que si je continuais, vous n'en croiriez pas vos oreilles.

En bref, une fois séparée de cet homme, je portai plainte au commissariat et j'écrivis au procureur de la république afin de dénoncer un abus de confiance. Car j'apprenais alors qu'en réalité, la pièce d'identité française de cet homme était une fausse et qu' il avait reconnu ma fille avec son acte de naissance d'origine afin d'avoir des papiers, derrière ma naturalisation. Cette fois-ci, c'était trop, je décidais de me défendre !

Voilà comment je me retrouvais encore au 6ième mois de ma 3ième fille, seule avec mes enfants. Ceci dit, les conséquences de mes erreurs et mes mauvais choix résultaient de fortes influences sataniques, des liens générationnels, de

limitations qui m'empêchaient d'avancer et de progresser.
Je décidai de me prendre en main, à partir de ce moment -
là et de ne plus m'appuyer sur une quelconque personne
pour me construire. Fatiguée, épuisée de mon « n'importe
quoi de vie », je décidai de m'abandonner entre les mains
du Seigneur, une bonne fois pour toute.

*

* *

« Mieux vaut chercher un refuge en L'Éternel, que de se confier à
l'homme. »

(Psaumes 118 v 8)[17].

Je priai et me consacrai alors sincèrement et définitivement à Dieu avec désormais « mes 3 petites filles ». Et je
peux vous assurer, que malgré toutes mes galères, je n'ai
jamais regretté d'avoir eu mes filles. Elles ont été, sont et
seront toujours une source de bonheur et de motivation.
Elles m'ont poussée à avancer sans jamais abandonner mon
but de « nous stabiliser ». Je fis alors vœux à L'Éternel de
ne plus marcher selon ma chair et de lui obéir. Je lui de-
mandai de me faire une faveur en m'accordant un logement
avant la fin des deux semaines qui succédaient mon expulsion. Car grâce à Dieu, notre expulsion se fit la dernière
journée avant les vacances. Il me fallait un domicile fixe

---

[17]	La bible, version Louis Second révisée.

rapidement avant la rentrée scolaire et J'avais deux semaines de délais. C'étaient les vacances de Pâques, en Avril
2004. Mes filles avaient 7ans, 3ans et ma dernière 6mois. À
cette période de **Pâque**s, Dieu m'exauça, (…).

> *« Il fit un chemin dans mon désert et mis des*
> *fleuves dans ma solitude »*
>
> (Esaïe 43 v 19)[18].

---

[18] La bible, version Louis Second révisée.

CHAPITRE 3

Ma vie de jeune mère seule en Christ

Avec trois enfants de trois hommes différents, j'étais consciente de ne pas répondre aux critères de la femme modèle exigés par nos mœurs sociales et culturelles. Par malchance et indépendamment de ma volonté, je devenais le sujet principal d'accusations, de critiques et de moqueries de satan et des gens. À la moindre occasion, mais surtout à ma moindre erreur, j'étais jugée, dénigrée et méprisée. Mais confiante, je gardais la tête haute.

Nous sommes en 2004 et pour la première fois, j'apprends à marcher seule par la foi, mais ça n'était pas facile. Le poids de la solitude me pesait énormément. Le manque affectif et le besoin d'une présence physique masculine aussi. Mais j'avais mes filles et j'apprenais à me contenter d'elles, elles faisaient mon bonheur. Ceci dit, je croyais fermement aux promesses de Dieu. De nature très affectueuse, je savais que quelque part, Dieu m'avait réservé un homme, qui saurait m'aimer comme j'avais besoin d'être aimée et telle que j'étais capable d'aimer. Je savais que quelque part, Dieu Juste et Fidèle, m'avait réservée un père, un véritable modèle masculin, pour mes enfants et un protecteur ici-bas pour moi. Je demandais alors à Dieu

3 choses précises :

1) **La stabilité** (car je ne l'avais jamais connu) ;

2) **Le véritable amour en couple** (car j'en rêvais) ;

3) **Un papa aimant et responsable pour mes petites filles** (quelqu'un qui les aimera comme il m'aime) ; car je les élevais seule et elles n'avaient pas d'image paternelle. Je disais à Dieu, je ne te demande pas un homme riche, mais quelqu'un avec qui nous allons débuter au bas de l'échelle ensemble et tout construire ensemble.

C'était important pour moi, car la reconnaissance de la **valeur** de ma personne, aux yeux de mon futur mari, était plus qu'importante pour moi, c'était indispensable à ma reconstruction. Rappelez-vous du mépris que j'avais subis, dans mes précédentes relations. Pour une fois « je désirais apporter ma pierre personnelle et qu'un homme me respecte ». Alors, je dis encore à Dieu, si tu m'accordes ces 3 faveurs, moi je te promets de te témoigner et te servir toute ma vie, de toute mon âme et de toute ma force.

À partir de ce moment-là, je décidais d'exercer au mieux « ma foi » comme je pouvais. Allant d'églises en églises et de déceptions en déceptions. Or, Dieu me formait à mon futur leadership, me permettant de voir et vivre les réalités de l'Église en tant que simple fidèle. Dieu me formatait à pouvoir comprendre et vivre personnellement « en tant que fidèle à l'Église », les réalités que plusieurs subissent et me confient aujourd'hui. C'était émotionnellement dur, je me sentais si seule, mais des paroles demeuraient dans mon cœur. Des prophéties qui m'avaient été libérées à ma conversion : « Jésus a besoin de toi, il t'a choisi pour le servir. Ne t'éloignes jamais du chemin de l'Église, car c'est sur cette voie, que Dieu te visitera , t'utilisera, et te bénira, bien que tu seras très persécutée ». Je restais « sur ces paroles » ; je m'appuyais sur « ces paroles ».

À cette époque je vivais avec mes deux petites sœurs. Je leur montrais la voie du seigneur. Et c'est un jour, en chemin avec l'une d'elle que je conduisais vers une veillée de prière, dans le but qu'elle reçoive son baptême, que je rencontrais « sur le chemin de l'église», l'homme de ma vie, de ma destinée, la connexion et le déclencheur de ma **délivrance**, le Révérend Bertrand Rim.

Cinq ans s'étaient écoulés, et c'est au milieu d'une gare, « en chemin vers l'église » ; qu'enfin le Seigneur exauçait ma prière. Après cinq ans à me battre seule. Après cinq ans d'instabilité en Christ, sans toutefois être réellement « en paix et libre intérieurement ». Après cinq ans de galère mais portant toutefois ma foi en Jésus - Christ. Dieu, pour me visiter, attendait que je comprenne ma misère et lâche prise. Car certes, je l'avais reçu dans mon cœur, depuis cinq ans, mais, je n'étais **ni libre spirituellement, ni soumise à sa parole** avant. J'étais une chrétienne charnelle et marchais encore selon mes propres volontés avant de vivre seule avec mes enfants ; avant que les conséquences de mes erreurs et ma désobéissance ne m'enseignent. Dieu m'attendait, il attendait que je lui cède enfin ma barque. Il avait besoin que je la lui cède en Vérité, afin qu'il m'aide. Je croyais être fatiguée, mais apparemment, je ne l'étais pas assez, jusqu'à ce que je lui cède totalement ma vie en esprit et en vérité, et qu'il m'exauce.

> *« Venez à moi, vous tous qui êtes fatigués et chargés et je vous donnerai du repos. Prenez mon joug sur vous et suivez mes instructions. Car je suis doux et humble de cœur. Et vous trouverez du repos pour vos âmes. Car mon joug est doux, et mon fardeau léger. »*
>
> (Matthieu 11 v 28 à 30)[13].

J'étais à présent vraiment fatiguée et donc réellement prête.

CHAPITRE 4

L'Homme de ma destinée et mon Mariage en Christ

J'ai tout de suite su que c'était lui.

Certainement étais-je désormais disposée et plus sensible à la voix de mon Dieu. Dès que je l'ai vu, mon esprit a senti quelque chose se passer. Et dès nos retrouvailles, après cinq ans, beaucoup de signes, de visions et songes précis me le confirmaient. Quoi que le plus grand signe était « Ma profonde conviction ! ».

Ce soir-là, nous sortions ma petite sœur en direction de Villeneuve-Saint-Georges où nous avions rendez-vous avec ma sœur aînée pour aller à une veillée de prière. J'habitais à cette époque à Saint-Gratien. J'avais une foi iné-branlable en ce qui concernait mon futur mariage. Étant naturellement passionnée d'amour, je savais que quelque part, l'homme de ma destinée me localiserait. Ce jour-là, il pleuvait beaucoup. Une fois à la gare, je dis à ma petite sœur : « je ne suis pas assez présentable pour rencon-trer mon futur époux ! Remontons donc à la maison me changer ! » Ma sœur me répondit : « tu n'es pas sérieuse ?! »

- « Si, si, sait-on jamais ! C'est peut-être aujourd'hui et

en chemin, que je vais le rencontrer !» ; lui répondis- je en retour.

Nous décidions donc de laisser passer le train, afin de rentrer à la maison, pour ne revenir qu'une fois mon cœur satisfait. Cela tombait aussi à pic, car ma grande sœur véhiculée, avec qui nous avions rendez-vous à Villeneuve-Saint-Georges, accusait-elle aussi un retard. Une fois changée, nous voilà arrivées à la Gare de Villeneuve-Saint - Georges où en direction de la sortie, j'entendis derrière moi « Psi, Psi … » Ce dont j'ai horreur (rire).

Je continuai de marcher et serrai mon visage, considérant que c'était certainement, l'appel d'un pseudo dragueur. Mais très vite j'entendis « Jaky ! Jaky !» Et là je me retournai, curieuse et surprise. Je vis un homme que je ne reconnus point tout de suite. Il me dit : - « C'est bien toi Jaky ? Tu ne me reconnais pas ?».

Soudain, comment oublier ce regard, si profond, si rassurant et qui représentait tant pour moi au moment de ma rencontre avec Jésus ? Je criai : « mon Papa ! », et me jetai dans ses bras.

Tant de choses à vouloir lui dire ! Son regard, son parfum, car il me prenait toujours dans ses bras, pour me saluer et m'embrasser affectueusement. Son sourire, son affection particulière pour moi, après tout ce que j'avais traversé seule pendant ces cinq années ne pouvaient être que les bienvenus.

En l'espace de quelques minutes je lui relatai mes déboires, mes déceptions, et lui appris qu'entre temps, j'avais eu un autre enfant, ainsi qu'une nouvelle déception sentimentale. Il me répondit que « papa était de retour !» Et il me promit que le prochain homme qui me courtisera sera le bon et que je me marierai « bientôt !». Sans savoir qu'il serait lui-même cet homme qui m'épousera.

À partir de ce moment -là, ma joie, mon espoir et ma foi prirent une autre dimension. Il me prit en charge spirituellement, priait régulièrement pour moi, me conseillait, m'exhortait et me sécurisait. Je n'étais plus seule. Il me promit de m'accompagner dans mes combats et de me porter jusqu'à la victoire. J'étais tellement heureuse et lui fit entièrement confiance. Enfin, Dieu me prêtait main-forte physiquement et spirituellement ! On avait ensemble des moments réguliers de prière et il me donnait des enseignements adaptés à ma soif. Il me suivait, m'encadrait et passait énormément de temps avec moi ainsi que mes enfants. Si bien que sans nous en rendre compte, nous commencions à nous attacher l'un à l'autre. Ce, de manière très naturelle. Mes enfants l'aimaient, s'étaient eux aussi attachés. Sa présence était devenue indispensable à notre vie et son absence lorsqu'il rentrait chez lui, après nous avoir visitées, laissait un grand vide. Très vite, nos sentiments furent une évidence et il ne tarda pas à me demander ma main. 4 mois après nos retrouvailles, nous étions officiellement fiancés dans ma famille. Et 8 mois après nos retrouvailles nous étions officiellement mariés coutumièrement, civilement et bénis à l'église. Le bonheur me souriait pour la première fois de ma vie « **en Christ**» cinq ans après l'avoir reçu dans ma vie. Ce bonheur, cette bénédiction n'était pas le fruit du hasard non. Dieu m'avait visitée parce que j'avais enfin pris la décision d'obéir et de me soumettre à sa Parole. C'est cette soumission qui permit à la Parole de Dieu de m'influencer et de changer ma destinée !

D'où la vision de mon association « Femme Soumise à Dieu et Femme d'influence ».

CHAPITRE 5

Femme Soumise à Dieu et Femme d'Influence

‘est de par mon vécu et mon expérience dans ma découverte du mariage que va naître cette femme que je suis devenue. Ex rebelle à toute forme d'autorité ; femme blessée et brisée. J'entrais alors dans mon mariage remplie d'inconscience face à la réalité qui m'attendait. Face à mes plaies, mes gangrènes intérieures non guéries et qui très vite, montrèrent leur jour. Je croyais que le mariage ferait tout mon bonheur. J'étais en manque affectif et attendais de mon mari, ce que Dieu seul pouvait m'offrir. Du fait qu'il était pasteur, je pensais qu'il était d'avance « tout fait ». Et lui exigeais donc beaucoup. Ou Plutôt pour être honnête, « j'attendais de lui qu'il me guérisse » de mes blessures intérieures. Ce qui n'était pas de sa responsabilité, mais de ma responsabilité, en autorisant au Saint-Esprit de me soigner petit à petit et avec le temps ; en me soumettant à la Parole de Dieu, afin de me soumettre à mon mari, sans bras de fer constant. En méditant la parole, et en la laissant prendre vie dans mon esprit, jusqu'à atteindre mon âme brisée et blessée depuis tellement longtemps. En utilisant la Parole de Dieu pour poncer mes blessures et détruire les raisonnements erronés qui m'enveloppaient ; en l'utilisant

régulièrement et quotidiennement pour renverser les sentiments destructeurs qui me dominaient si facilement ; en
m'appliquant à renouveler mon intelligence, inclinant ma volonté à celle de Dieu tout simplement.

> *« Ne vous conformez pas au siècle présent, mais soyez transformés par le renouvellement de l'intelligence, afin que vous discerniez quelle est la volonté de Dieu, ce qui est bon, agréable et parfait ».*
>
> (Romains 12 v 2)[19].

Ou encore :

> *« Soumettez-vous donc à Dieu ; résistez au diable et il fuira loin de vous »*
>
> (Jacques 4 v 7)[20].

C'est alors que commença ma merveilleuse découverte, complicité et communion personnelle avec « La Personne du Saint Esprit ». Il m'enseigna

---

[19] La bible, version Louis Second révisée
[20] La bible, version Louis Second révisée

à me livrer totalement à lui, tout en me conduisant progressivement vers une auto - délivrance par le biais de la Puissance de la Parole de Dieu. Aussi, mon époux, docteur de la Parole diplômé et confirmé, me formera « À l'école de la Foi » , pendant plus de 8 ans avant que je ne sois consacrée prophétesse en 2015. Cette école de la Foi ou depuis plus de 15ans, j'exerce sous le leadership de mon époux, en qualité de Co-leader dans sa vision : **« Mission Internationale Foi en Action» .** Une école fondée sur la base fondamentale « de la Parole de Dieu», l'adoration, la prière et le combat spirituel.

Dans mon mariage, Dieu m'a enseignée à lire et comprendre de manière prophétique le mystère de Christ et de l'Église en lien avec ma propre relation personnelle avec mon mari. J'ai très vite compris que tant que je ne saisissais pas en profondeur ce mystère, certains conflits et désaccords conjugaux que nous traversions et traverserons inévitablement, donneront avantage à l'ennemi qui s'était déjà tant acharné sur ma destinée. Je devais comprendre et entrer « moi » premièrement, dans la peau de cette « **Femme Église »** afin de défendre au mieux **mes intérêts personnels** en tant que **« Femme épouse d'un homme de Dieu ».** Je devais rapidement apprendre et comprendre comment protéger ce qui m'appartenait désormais. Ma bénédiction, mon mariage, ma grâce, mon foyer que satan voulait voler. Les liens et les lois ancestrales et familiales me réclamaient. Dieu m'a rapidement apprise à **exercer mes mains au combat et mes doigts à la bataille ;**(Psaumes 144 v 1)[21] ; pour garder ce qu'il m'avait donné. Dieu merci, j'ai très vite compris que cela relevait de ma responsabilité. Et que pour vaincre, il me fallait me **soumettre à Dieu** afin de recevoir de lui la sagesse, l'intelligence, le discernement et la puissance qui m'étaient indispensables pour **conserver jalousement** mon bonheur et m'opposer avec force et détermination à mes ennemis. Me battre contre tous vents, projets et réclamations sataniques qui me réclamaient pour me ramener vers mon passé. Vers un retour à la maison familiale comme autrefois, alors que j'avais pour une fois bien avancé et progresser.

La petite fille en moi, se rapprochait de son plus grand souhait : « **reconstituer le petit cocon perdu de l'enfant blessée et brisée quelque part ».** Il était hors de question que satan me vole ce que Dieu m'avait donné ! Je me formais alors à devenir par l'aide du Saint-Esprit et par une étude approfondie des saintes écritures, **cette Femme Soumise à Dieu et Femme d'influence** que vous lisez. Non seulement dans mon foyer mais encore, en motivant de nombreuses femmes qui me suivent désormais. Ayant compris certaines clefs **du mystère de Christ et de l'Église** (que je ne cesse d'étudier), je peux enfin enseigner par mon

---

[21] La bible, version Louis Second révisée

vécu et mon expérience personnelle aux femmes, mon témoignage ne reposant pas sur la sagesse humaine, mais sur une expérience personnelle, une preuve tangible et visible du changement radical de ma propre vie de **femme rebelle à femme soumise et femme d'influence** en Christ. Je suis un échantillon de la démonstration de la Puissance de Jésus-Christ capable de réécrire au propre une histoire.

*« Femmes, soyez soumises à vos maris comme au Seigneur ; car le mari est le chef de la femme, comme Christ est le chef de l'église, qui est son corps, et dont il est le sauveur. Or, de même que l'église est **soumise** à Christ, les femmes aussi doivent l'être en toutes choses. Maris, **aimez** vos femmes, comme Christ a aimé l'église, et s'est livré lui-même pour elle, afin de **la sanctifier** par la Parole, après l'avoir purifiée par le baptême d'eau, afin de faire paraître devant lui cette église glorieuse, sans tache, ni ridé, ni rien de semblable, mais sainte et irrépréhensible. C'est ainsi que les maris doivent aimer leurs femmes comme leurs propres corps, **celui qui aime sa femme s'aime lui- même**. Car jamais personne n'a haï sa propre chair ; mais il la nourrit et prend soin, comme Christ le fait pour l'église, parce que nous sommes membres de son corps. C'est pour- quoi*

*l'homme quittera son père et sa mère, et s'at- ta-chera à sa femme, et les deux deviendront une seule chair. **Ce mystère est grand** ; je dis cela par rapport à Christ et à l'église. Du reste que chacun de vous aime sa femme comme lui-même et que la femme **respecte** son mari".*

(Éphésiens 5 v 22 à 33)[22].

Bien – aimé-e-s, c'est sur cette base que j'ai enfin réussi à **bâtir** la femme soumise à Dieu et femme d'influence qui vous témoigne «son histoire». Combats sur combats, épreuves sur épreuves, persécutions sur persécutions, j'ai remporté toutes les batailles qui m'étaient destinées pour me forger. J'ai bâti mon foyer, et je veille pour le garder. J'ai détruit le contrôle démoniaque qui pesait autrefois sur ma vie, au Nom puissant de Jésus-Christ. Et ça, je le dois à la Puissance de ma Foi en la Parole de Dieu et le soutien de mon coach de la prière, mon Amour de mari.

De mon union avec mon mari sont nés 3 autres enfants. Et la malédiction qui se répétait à chaque 6 mois de mes 3 premiers enfants hors mariage a été rompue. Gloire au Seigneur Jésus-Christ ! Il est le chemin, la vérité et la vie !

Au 6e mois de mon premier enfant avec mon mari, j'avais si peur que ce lien ressurgisse, mais l'autorité de

---

[22] La bible, version Louis Second révisée

mon mari, en qualité de chef sur ma nouvelle vie avait eu raison sur cette malédiction.

Mon mari me disait « ne t'inquiètes pas, il n'y aura rien ». 2 ans plus tard, j'accouchais mon second fils. Et inspirée de l'histoire de notre patriarche Joseph, fils de Jacob, je lui donnais le Nom de **Manassé,** qui signifie en hébreux : « **Dieu m'a fait oublier mes peines ou encore Dieu a essuyé mes larmes, dans le pays de mon affliction ».** Car le lien de l'opprobre, de 3 enfants de 3 hommes différents, que satan utilisait sans cesse pour m'accuser et me salir, avait été rompu définitivement. 6 ans après Manassé, mon dernier enfant voyait le jour. Je l'appelais « **Harmonie** » pour confirmer et témoigner que Dieu avait bien exaucé mes 3 vœux. Souvenez- vous, lorsque je me décidais de lâcher prise sur ma vie, lorsque je lui cédais sincèrement le contrôle de ma vie en me consacrant « en vérité » à lui, je lui avais demandé 3 choses, en lui promettant de le servir de tout mon cœur, de toute mon âme et de toute ma force toute ma vie s'il me les accordait. Je lui demandais de m'accorder favorablement 3 souhaits :

1) La Stabilité

2) Un homme qui m'aimera sincèrement.

3) Et un Père aimant et responsable pour mes filles. Ce que Dieu m'accorda.

Par mon témoignage, j'aimerais réveiller l'espoir des femmes et hommes blessé-e-s et brisé-e-s par leur passé lourd à porter. Vous avez connu l'humiliation ? Le rejet ? L'abandon ? Des trahisons ? De l'injustice ? On a touché à votre dignité, vous avez mal et vous vous demandez s'il est possible pour vous, d'être restauré - e ; et de récupérer votre dignité.

OUI c'est possible ! Si toutefois vous croyez en Dieu et en un avenir meilleur et possible à ses côtés ; en vous soumettant totalement à sa Parole. En l'aimant de tout votre cœur, de toute votre âme et de toute votre force. En vous attachant sincèrement à lui. Faites de Christ votre passion !

> *« Car voici dit le Seigneur, Je vais faire une chose nouvelle, sur le point d'arriver : Ne la connaîtrais tu pas ? je mettrais un chemin dans ton désert, et des fleuves dans ta solitude ».[23]*

Bien aimé-e-s, Dieu est capable de mettre sur votre tête, sur votre destinée ;

> *« …Un diadème au lieu de la cendre, une huile de joie au lieu du deuil, un vêtement de louange au lieu d'un esprit abattu, afin qu'on vous appelle Térébinthe de la justice, plantation de l'Éternel pour « Servir à sa Gloire »…*

---

[23] La bible, version Louis Second révisée

(Esaïe 61 v 3)[24].

Afin que vous puissiez à votre tour témoigner et chanter ses louanges, en proclamant :

« Dieu a changé mes lamentations en allégresse, il a délié mon sac et m'a ceint de joie, afin que mon cœur le chante et ne soit pas muet(te). Éternel je te louerai toujours ! »

(Psaumes 30 v 11).[25]

Comme je le témoigne aujourd'hui … ***Jésus a changé mon histoire.***

[24] La bible, version Louis Second révisée
[25] La bible, version Louis Second révisée

CHAPITRE 6

La puissance de la prière et de la Parole qui restaure et guérit

Kit d'auto-défense spirituelle : Prières et déclarations d'auto-délivrance des maladies de l'âme.

Kit d'auto-délivrance

Bien aimé-e-s , la Bible déclare **« Qu'un homme ne peut recevoir que ce qui lui a été donné du ciel ».** (Jean 3 v 27)[26].

Aussi, par cet ouvrage, je vous offre la méthode qui m'a été inspirée du Saint-Esprit. La méthode de délivrance et de restauration qui m'a accompagnée et que j'utilise encore parfois aujourd'hui par prévention lorsque je me sens oppressée et attaquée dans mon âme. Car mon Esprit est désormais capable de réagir instinctivement aujourd'hui en s'imposant sur mon âme, lui disant :

« Pourquoi t'abats-tu mon âme, et gémis-tu au-dedans de moi ? Espère en Dieu, car je le louerais encore ; il est mon salut et mon Dieu!»

---

[26] La bible, version Louis Second révisée

(Psaumes 42 v 6)[27].

Oui par la grâce de Dieu, j'ai appris à contrôler mes mauvaises émotions.

« Quand je pense à ma détresse et ma misère, à l'absinthe et aux poisons (les problèmes, les situations critiques, difficiles et le mal qu'on me fait), quand mon âme s'en souvient, elle est abattue au- dedans de moi ! Alors voici ce que je repasse dans mon cœur, ce qui me donnera de l'espérance ! »

Frères et sœurs, j'ai tout fait pour que ces Paroles pénètrent mon âme par mon Esprit au point qu'elles deviennent vivantes et influentes au plus profond de moi. J'ai pris conscience que ma santé, mon bonheur et mon bien-être en dépendaient, car j'étais détruite intérieurement.

Or il est écrit :

« Bien-aimés, je souhaite que tu Prospères à tous égards et sois en bonne santé comme Prospère l'état de ton âme »[28].

(3 Jean 1 v 2)[29].

Tout cela pour vous dire que tant que votre âme prospère, satan ne pourra rien vous faire. Votre âme étant le « Centre » de vos pensées, votre intelligence, vos sentiments

---

[27]   La bible, version Louis Second révisée
[28] La bible, version Louis Second révisée
[29]   La bible, version Louis Second révisée

et votre volonté. Or, une âme blessée et brisée est un jouet de divertissement pour l'ennemi. Il accède en vous et vous balance facilement, d'une émotion à une autre. Le diable influence alors vos pensées par mauvaises inspirations, quand il veut et comme il le désire, pour vous pousser à de mauvaises actions. À travers les temps, par les circonstances que vous vivez, traversez et par le biais des gens qui vous entourent.

Vous êtes victimes de malédiction familiale ? Votre âme est affligée ? Votre vie semble être contrôlée spirituellement par une force négative ? Votre âme est tourmentée ? Vos pensées, vos émotions et votre volonté semblent « Oppressées » ? Vous ne faites pas le bien, que vous voudriez pourtant faire, et vous faites le mal que vous ne voulez pas faire ? Vous êtes victimes de pulsions charnelles que vous ne maîtrisez pas, liées à une instabilité émotionnelle ? Vous ne parvenez pas à jouir de votre vie, et vous avez le sentiment de reculer toutes les fois où vous voulez avancer ? Je vous propose mon guide d'auto-délivrance et une ligne de prière ciblée.

Voyez-vous, le diable sait pertinemment qu'il ne peut « posséder » l'esprit d'un enfant de Dieu né de nouveau. Cependant, il peut influencer votre âme si vous êtes vulnérable. Par le biais de l'envoûtement et de différentes autres manières : par vos faiblesses négligées, vos blessures intérieures non traitées ou encore par l'appât d'une mauvaise semence spirituelle reçue en héritage par vos liens de sang familial.

L'âme étant le centre de nos émotions, de nos pensées et de notre volonté, je vous propose « mon traitement spirituel d'auto-délivrance » fondé sur la Parole de Dieu, qui est issu de ma propre expérience, efficace associé au jeûne. Sachant que :

« *Certaines sortes de démon (de lien, de malédictions) ne sortent que par la **prière et le jeûne*** » (Matthieu 17 v 21)[30].

---

[30] La bible, version Louis Second révisée

La repentance demeure **la base** de la délivrance et la restauration.

« Si mon peuple sur qui est invoqué mon nom, s'humilie, prie, cherche ma face, et s'il se déroute de ses mauvaises voies, je l'exaucerai des cieux, je lui pardonnerai son péché et je guérirai son pays (Sa vie) ».

(2 Chroniques 7 v 14)[31].

Je vous exhorte à utiliser **le Psaumes 51 à réciter à haute voix plusieurs fois avec foi !** C'est une Puissante Prière de repentance que j'ai moi-même utilisé et récité à chaque fois 7 fois, poussée par le Saint-Esprit. Un modèle de Prière d'auto-délivrance du psalmiste David, l'homme selon le cœur de Dieu, qui a puissamment agit pour moi. Vous sentirez vous-même sa Puissance. Puis, confessez régulièrement les déclarations qui vont suivre.

---

[31] La bible, version Louis Second révisée

Je confesse que Christ m'a racheté-e de la malédiction de la loi, étant devenu malédiction pour moi.

(Galates 3 v 13)[32] .

Je déclare que je ne suis plus sous l'emprise des ténèbres, car Dieu m'a délivré-e de la puissance des ténèbres et m'a transporté-e dans le royaume du fils de son amour.

(Colossiens 1 v 13)[33].

J'ai été crucifié-e avec Christ et si je vis, ce n'est plus moi qui vis, c'est Christ qui vit en moi. Si je vis maintenant dans la chair, je vis dans la foi fils de Dieu, qui m'a aimé-e et qui s'est livré lui-même pour moi.

(Galates 2 v 20)[34].

Pour ces raisons, je me regarde comme mort(e) au péché et comme vivant(e) pour Dieu en Jésus-Christ. Je déclare que le péché ne règne donc point dans mon corps mortel et que je n'obéis plus à ses convoitises.

(Romains 6 v 11 à 12)[35].

---

[32] La bible, version Louis Second révisée
[33] La bible, version Louis Second révisée
[34] La bible, version Louis Second révisée
[35] La bible, version Louis Second révisée

Je libère toute personne qui m'a offensé-e et que je retenais dans mon âme. Je pardonne aux hommes leurs offenses afin que mon père me pardonne aussi. (Matthieu 6 v 14) et afin de ne pas laisser à satan l'avantage sur moi, car je n'ignore pas ses desseins.

(2 Corinthiens 2 v 11)[36].

Je déclare à présent que toute influence démo- niaque ou contrôle familial de la sorcellerie, qui   s'impose dans ma vie, et exerce son pouvoir sur mon âme et ma destinée, soit totalement et définitivement détruite au Nom Puissant de Jésus-Christ.

Je refuse et renonce à toutes sortes d'héritages spirituels de malédiction familiale, sous quelque forme qu'ils soient, dans mon caractère, mon *ADN,* que j'ai hérité de mon père, ma mère et mes ancêtres, par les liens de la chair, au Nom Puissant de Jésus- Christ.

Je refuse et renonce à demeurer dans les blessures intérieures de mon passé, car il est écrit dans la Parole de Dieu : « ne pensez plus aux évènements passés et ne considérez plus ce qui est ancien. Voici, Dieu fait une chose nouvelle, sur le point d'arriver. Dieu met un chemin dans mon désert et des fleuves dans ma solitude ».

---

[36]   La bible, version Louis Second révisée

(Esaïe 43 v 18 à 19)[37] .

Je connais les projets que Dieu a formés pour moi, projets de paix et non de malheur, afin de me donner un avenir et de l'espérance.

(Jérémie 29 v 11)[38].

M'appuyant sur la Parole de Dieu, je fais taire les lois de réclamations ancestrales qui parlent sur ma vie ! Car Christ a effacé l'acte dont les ordonnances me condamnaient et qui subsistaient contre moi. Il l'a détruit en le clouant à la croix.

(Colossiens 2 v 14)[39].

Je déclare que ces réclamations n'ont plus aucun pouvoir sur moi au Nom de Jésus-Christ.
Je refuse et renonce aux œuvres de la chair citées dans le livre de Galates 5 v 19 à 21. Je déclare et confesse que : L'impudicité, l'impureté, la dissolution, l'idolâtrie, la magie, les inimitiés, les querelles, les jalousies, les animosités, les disputes, les divisions, les sectes, l'envie, l'ivrognerie, les excès de tables et les « choses semblables », ne sont plus mon partage car elles favorisent et donne accès au

---

37   La bible, version Louis Second révisée
38   La bible, version Louis Second révisée
39   La bible, version Louis Second révisée

80

pouvoir de l'envoûtement. Et parce que ceux qui commettent de telles choses n'hériteront point le royaume de Dieu.

J'invoque au Nom Puissant de Jésus-Christ la Puissance du feu du Saint-Esprit dans mon être tout entier. Je déclare que la Puissance de Dieu déracine et consume toute mauvaise semence dans ma vie, que l'ennemi a planté ou que j'ai moi-même planté d'une manière consciente ou inconsciente.

Par ma vie de jeûne et prière, je traite durement mon corps et je l'assujetti.

(1 Corinthiens 9 v 27)[40].

Je reçois le pourvoir de me soumettre à mon Seigneur et Sauveur Jésus-Christ. Car c'est Dieu même qui produit en moi, le vouloir et le faire, selon son bon Plaisir.

Je déclare que je résiste au diable et il fuit loin de moi, au Nom Puissant de Jésus - Christ.

(Jacques 4 v 7)[41].

Je dispose mon cœur à marcher selon l'Esprit afin de manifester les fruits de l'Esprit cité dans le livre de Galates 5 v 22. Je déclare que l'amour, la joie, la paix, la

---

[40] La bible, version Louis Second révisée
[41] La bible, version Louis Second révisée

patience, la bonté, la bénignité, la fidélité, la douceur et la tempérance sont désormais mon partage.

Je confesse que tout ce qui est vrai, tout ce qui est honorable, tout ce qui est juste, tout ce qui est pur, tout ce qui est aimable, tout ce qui mérite l'approbation, ce qui est vertueux, et digne de louange est désormais l'objet de mes pensées.

(Philippiens 4 v 8)[42].

Je confesse et déclare que je suis une nouvelle créature, les choses anciennes sont passées voici, toutes choses sont désormais nouvelles.

(2 Corinthiens 5 v 17)[43].

Au Nom Glorieux de mon Seigneur et Sauveur Jésus-Christ **je me déclare libre !**

---

[42]   La bible, version Louis Second révisée
[43]   La bible, version Louis Second révisée

« En effet, celui qui parle en langue ne parle pas aux hommes, mais à Dieu, car personne ne le com- prend, et c'est en Esprit qu'il dit des mystères ».

(1 Corinthiens 14 v2)[44].

« Celui qui parle en langue s'édifie lui-même ; Celui qui prophétise édifie l'Église ».

(1 Corinthiens 14 v 4)[45].

Je prie moi-même beaucoup en langue. Frères et sœurs, le parler en langue est une puissance qui a édifié et a bâti mon esprit. Cette puissance m'a permise de dominer sur mes émotions négatives et acquérir une meilleure maî- trise de moi-même.

L'adoration et la louange ont été aussi un puissant re- mède de guérison pour mon âme blessée et brisée. Passez beaucoup de temps à adorer et louer l'Éternel notre Dieu. « Que la parole de Christ **habite** en vous dans toute sa

---

[44]   La bible, version Louis Second révisée
[45]   La bible, version Louis Second révisée

83

richesse ! Instruisez-vous et avertissez-vous les uns et les autres en toute sagesse par **ses psaumes**, par **des cantiques spirituels**. **Chantez pour le Seigneur** de tout votre cœur sous l'inspiration de la grâce ».

(Colossiens 3 v 16)[46].

Faites des prières de supplications, implorant le Saint-Esprit de libérer votre âme, de poncer vos blessures, de vous guérir intérieurement et de vous consoler. Faites des prières d'autorité en détruisant et chassant toutes les mauvaises semences que vous connaissez en vous et que la Parole de Dieu condamne. Priez le Père au Nom de Jésus-Christ.

Ces prières sont des clés incontournables qui permettent à la Parole de Dieu de libérer les Captifs.

« Quiconque invoquera le Nom du Seigneur sera sauvé ».

(Romains 10 v 14)[47].

Ces prières servent d'auto-délivrance. J'entends par « auto-délivrance » votre engagement par votre participation active à votre propre délivrance avec foi. Sans quoi votre délivrance ne peut-être « efficace et totale ». Ce principe est incontournable.

Toutefois, le fait de vous engager à une auto -

---

[46]   La bible, version Louis Second révisée
[47]   La bible, version Louis Second révisée

84

délivrance n'exclut pas l'intervention avantageuse d'un véritable oint de l' Éternel compétent dans ce domaine, pour vous accompagner si vous vous sentez « limité (e) » ou que vous en ressentez « le besoin ». Nous sommes là pour ça. Je dirais même que dans certains cas, selon le degré de la maladie de l' âme et du degré du combat auquel votre âme fait face, l'assistance d'un homme ou d'une femme de Dieu oint- e est même indispensable pour vous écouter. Car certaines délivrances de l'âme s'opèrent par la parole et la confession. Lorsque vous disposez de cette possibilité, (selon votre cas) n'hésitez surtout pas.

Les blessures intérieures de l'âme ne sont pas à négliger bien aimé-e-s. N'en faites pas un déni, ne les ignorez pas, ne les couvrez surtout pas. Cherchez à les exprimer auprès de personnes ointes, si malgré tout cela, vous vous sentez toujours oppressé-e. Cherchez quelqu'un digne de confiance, capable de vous écouter sans vous juger tout en vous accompagnant spirituellement vers le processus de restauration, si vous avez cette possibilité. Le corps de Christ est appelé à travailler dans la complémentarité pour obtenir un bon résultat final.

Bien aimé-e-s, le tourment moral, mental, psychologique ou autrement dit, « l'oppression des esprits » est l'attaque spirituelle fréquemment utilisée par le monde de la sorcellerie. C'est l'un des moyens qui favorise leur contrôle à distance, sans contact physique. Je parle par expérience.

L'oppression de l'âme est une influence satanique, mais encore, une maladie de l'âme, une « maladie spirituelle » qui se guérit par les différents outils spirituels que je vous propose dans ce kit d'auto-délivrance. L'imposition des mains d'un ancien dans la foi, oint, est bibliquement recommandée aussi au besoin. C'est une alternative biblique efficacement approuvée et instituée par Dieu lui-même, en association à un travail personnel engagé par vous-même.

« Quelqu'un parmi vous est-il **malade** ? Qu'il appelle les anciens d'église, et que les anciens prient pour lui, en l'oignant d'huile au nom du Seigneur ; la prière de foi sauvera le malade et le Seigneur le relèvera. Et s'il a commis des péchés, ils lui seront pardonnés ».

(Jacques 5 v 13 à 14)[48].

« Confessez donc vos péchés les uns aux autres, et PRIEZ les uns pour les autres, **la prière fervente du juste** a une grande efficacité ».

(Jacques 5 v 16)[49].

L'ayant moi-même expérimenté, je vous exhorte à veiller sur votre état d'âme avec une entière persévérance. Veiller et traiter l'intérieur de votre âme, vous permettra de mieux maîtriser les attaques et combats « extérieurs ».

---

[48] La bible, version Louis Second révisée

[49] La bible, version Louis Second révisée

Ceci est très important.

Ce kit d'auto-délivrance sert encore de prévention spirituelle, à associer à une véritable vie de jeûne et de consécration. Car certains liens, certaines lois ancestrales et certains esprits sont résistants. Ils ne s'annulent, se détruisent ou se chassent, que par une vie de Consécration et de sacrifice.

(Matthieu 17 v 21)[50].

En connaissance de toutes ces choses, veillez et demeurez sobres spirituellement, afin qu'une fois libre, vous puissiez conserver votre délivrance. Car « lorsqu'un esprit impur est sorti d'un homme, il va par des lieux arides, cherchant du repos, et n'en trouvant point. Alors il dit : Je retournerai dans ma maison d'où je suis sorti : et quand il arrive, il la trouve vide, balayée et ornée. Il s'en va, et il prend avec lui sept autres esprits plus méchants que lui, ils entrent dans la maison, s'y établissent et la dernière condition de cet homme est pire que la première ».

(Matthieu 12 v 43 à 45)[51].

Bien aimé-e-s, sachez que la délivrance, la guérison et la restauration sont « **les résultats** » d'une foi fervente en la Parole de Dieu. Les résultats d'un esprit engagé,

---

[50]   La bible, version Louis Second révisée
La bible, version Louis Second révisée

persévérant, endurant, décidé à **rejeter**, à **renoncer** et à **détruire** le mal en lui. Dans le seul but de poursuivre le bien, afin de vivre une totale vie épanouie en Christ.

*Je prie que l'onction qui repose sur mon
Ministère vous touche, vous guérisse et vous restaure totalement de toutes formes de maladies de
l'âme au nom de Jésus-Christ. Amen.*

*Que la grâce qui réécrit mon histoire vous loca-
lise et change aussi puissamment
« Votre histoire ».*

CHAPITRE 7

Lettre publique dédicacée à mon père

Lettre publique dédicace à mon Père ...

Le 29/10/2020

Docteur Bossio Wangi Nkumu Nestor 76ans.

08/08/1944 - 27/10/2020.

Repose en paix papa ...

Très tôt tu m'as inculquée ta devise…

« La vie est un combat, c'est la jungle, la loi des plus

forts ... il faut se battre ».

Médecin de profession, passionné et acharné de travail, à 76 ans, tu travaillais encore, contribuais et affrontais bravement la COVID-19 pour soigner de nombreuses vies.

En l'affrontant, tu as pris un risque. La vie exige des risques et toi, tu as osé courageusement en prendre.

À tes risques et périls, tu es parti. Papa, homme sensible et fort à la fois. Complexe, Sécurisant, Autoritaire, déterminé, persévérant et passionné par sa vocation.

Dieu m'a fait grâce Papa, car j'ai trouvé en mon époux tes qualités à louer.

Raison pour laquelle je l'ai baptisé « **Papou** ». Ce nom dont plusieurs l'appellent aujourd'hui – sans toutefois savoir pourquoi.

Solide comme un ROC, fort et sensible à la fois. Complexe, lui aussi, Sécurisant, Autoritaire. Homme déterminé et persévérant, comme toi papa. J'ai retrouvé du ''toi ''en ''lui ''et dans le Seigneur.

Un modèle « de force » et de détermination avec qui je partage la même vocation et passion pour Jésus-Christ. Tu peux dormir tranquille papa, Papou prend vraiment bien soin de moi.

Papa, Tu étais un acharné de travail, le travail ne t'a jamais fait peur. Et le travail est l'une de mes devises à moi aussi. Tu m'as apprise que rien n'est facile, et que tout se reçoit à force de travail. Repose à présent en paix de ton dur labeur mon père.

Arrêter la médecine, pour une retraite de vieux, t'aurait sans aucun doute tué papa.

Tout comme pour moi, renoncer à prêcher la bonne nouvelle, à dénoncer et condamner les œuvres des ténèbres, me tuerait sans aucun doute à petit feu, si j'avais à le faire. Passionné jusqu'à la mort.

Je me lis en toi, car je suis comme toi « dans le Seigneur ».

Je garde dans mon cœur, les meilleurs compliments que tu m'as faits, en tête à tête, en secret, et que beaucoup sont loin d' imaginer.

Papa...Homme à la personnalité atypique - comme moi-même. Ta complexité était ton caractère. Ta Perplexité était liée à ta personnalité.

Papa ...Notre relation était à la fois fusionnelle et complexe. Un bras de fer permanent. En mode « Je t'aime, moi non plus » jusqu'à, je t'aime, à distance.

Je crois en la puissance des grands esprits et je sais que tu me lis. Saches que tu as toujours été pour moi un modèle «de force et de courage ».

Papa, tu as été le premier homme de mon cœur. À la fois Unique et Meilleur opposant en matière de divergences, de convictions spirituelles et personnelles.

Toutefois mon amour pour toi, a toujours été intact, c'est pourquoi Je garde de toi « **le meilleur** ».

Papa, tu resteras dans mon cœur. Et je resterai à jamais « la petite dernière » de ton union avec ma mère. « Le gourou » a réussi, m'as-tu dit, quand je me suis mariée. « Ah papa, je ne peux que rire et sourire lorsque je pense à toi ».

Comme tu le disais si bien le gourou « t'a fait chier » ; c' étaient tes mots.

Oui, c'est pas faux papa ...Mais je reformulerais plutôt moi, ta phrase de cette manière « on s'est bien affrontés » par notre façon à nous, de nous opposer et nous aimer. Car honnêtement, tu as été de taille, ce qui m'a poussée à me perfectionner ! Afin d'atteindre ta hauteur, sans fléchir, et j'ai réussi.

« Jaky à papa, elle est folle » disais-tu. « Mais, elle aime son père ». C'est vrai papa, et ma folie est pleinement assumée.

« Car la prédication de la croix est une folie pour ceux qui périssent ; mais pour nous qui sommes sauvés, elle est une puissance de Dieu».

(1 Corinthiens 1 v 18)[52].

« C'était une bonne guerre ». Loyale et vraie. Et toi et moi, on le sait.

Repose en paix mon père, mon papa, Tu es un homme fort et courageux. Tu as conservé ta passion jusqu'à la mort.

Saches que je resterai moi aussi fidèle « À ma passion pour le Christ, pour mes choix, mes valeurs et mes convictions » jusqu'à la mort. Je n'y renoncerai pour rien au monde. Je crois te l'avoir moi aussi, bravement prouvé, par ma détermination à te résister.

Je ne regrette rien papa. Mes choix ont toujours été réfléchis et mûris. Tu peux dormir en paix, en ce qui me concerne. En Christ, j'ai trouvé la vraie paix et une bonne conscience.

---

[52] La bible, version Louis Second révisée

« La vie est un combat - La vie est une jungle. C'est
la loi des plus forts. Il faut se battre » telle était ta devise.
Papa, saches que ces valeurs sont en moi. Et comme
l'a dit Nelson Mandela : «je ne perds jamais
- soit, je gagne, soit j'apprends ».
J'ai gagné la vie éternelle en Christ, j'ai appris de
toi, j'ai appris de ce que la vie « m'a imposée ». J'ai accepté et pris ce que Dieu voulait m'enseigner à travers toi.
« Car Toutes choses concourent au bien de ceux qui aiment Dieu ».
Je te pleure « dans la foi ».
Merci pour la vie, car je suis une partie de toi. Merci
pour tes plus belles valeurs inculquées et imprégnées en
moi. Merci d'avoir été l'instrument choisi par Dieu,
pour me préparer à ce que je sais faire de mieux. Certes,
tant bien que mal, avec plus de larmes que de Joie, mais
ça en valait la peine. Tel moïse face à Pharaon, je me suis
ainsi faite.
Grâce à nos bonnes guerres, je suis capable de tout
surmonter aujourd'hui. Y compris ton départ vers l'au-
delà. Repose en paix mon papa.
Je suis fière du personnage atypique, têtu et particulier que tu as été et restera à jamais. Car, je ne peux le
nier, je me lis en toi.
Certainement, on se ressemblait un peu trop, d'où
notre relation à la fois complexe et fusionnelle. La douleur

est présente, étrange, et sera à jamais certainement toujours présente. Je vais apprendre à vivre avec, car tout s'apprend oui, tout papa. Je rends grâce à Dieu pour toute chose, il est souverain. Le Seigneur m'a préparée d'avance pour ce moment, il me soutiendra et m'affermira comme toujours « Lui Seul ».

Je garde mes plus beaux souvenirs de toi. Je t'aime très fort mon papa.

Je sais que ton souhait n'était pas de laisser des enfants « effondrés » par le chagrin. Mais des personnes assez fortes, pour pleurer ton départ, debout et prêtes à affronter ton absence, tout comme tu nous a enseigné à affronter la vie.

Papa, « Jaky à papa Nestor » te pleure, en restant fidèle à elle-même, comme tu le vois.

« Jaky à papa Nestor » comme tu m'appelais.

Oui, car ton amour particulier pour moi, était si distingué, qu'il a été aussi la cause de beaucoup de jalousie et de rivalité mal placée. Je suis et je reste « à ma place» dans ton cœur, malgré les efforts de plusieurs ...

Comme toi papa, je ne me défilerai jamais face à quelconque adversité. Je suis quelqu'un « de vrai et sincère » ce qui ne fait pas l'unanimité dans ce monde. Je l'assume et compte le rester.

Je t'aimerais toujours mon papa.

Dieu demeure à présent « mon seul Père ». Et je défendrais « sa volonté » jusqu'à ma mort papa. Aussi je serais sans miséricorde, pour quiconque osera se lever pour détruire ce que j'ai pris du temps à bâtir. Contre quiconque touchera à ce qui m'appartient et ce pourquoi Dieu m'a appelée. La vie est une jungle, je compte bien m'imposer comme tu me l'as inculquée. Car dans la jungle, chacun fait valoir sa force et défend son territoire. De ce côté -là, tu peux dormir en paix et me faire confiance papa. Je n'ai jamais laissé personne m"imposer quoi que ce soit, même toi vivant ... Alors à combien plus forte raison papa,

« seront servis comme il faut » - tous ceux qui oseront [maintenant].

J"ai reçu tes dernières paroles à mon sujet. Merci d'avoir pensé à moi et pris de mes nouvelles. Un père reste un père et pour moi, c'était important venant de toi. Je t'aime, et j'ose croire fermement, que Dieu a exaucé ma dernière prière. Je le crois, qu'il le fera pour moi, à cause de mon alliance avec lui. Le Dieu que je sers fait grâce à qui il fait grâce, et miséricorde à qui il veut, je lui fais confiance.

Dors mon papa, repose en paix.

Tu t'en es allé dans l'ordre des choses, selon l'ordre de la vie. Dieu a donné et Dieu a repris, je m'incline.

Je t'aime mon père, éternellement.

Je te pleure « à ma manière » et surtout, au mi- lieu
des miens comme tu le vois "fidèle à moi- même". Je reste
ferme papa, et ne retournerai jamais plus, vers ceux qui
m'ont poignardée gratuitement.

Repose éternellement en paix mon père.

« Lettre à mon père ».

Signée : « Jaky à papa Nestor ».

La dernière de l'union de « son père et sa mère». Née
Bossio Wangi Bolia Jaky. Fière de l'être.

Ouvrage réalisé par © J.RIM, Mars 2021

France

ISBN : 978-2-9576392-0-5

Tous droits réservés.

Pour commander ce livre, adresser un courriel à

Jaky RIM : prophjakyrim@gmail.com

Achevé d'imprimer en Europe.

www.ingramcontent.com/pod-product-compliance
Lightning Source LLC
LaVergne TN
LVHW071619180726
843512LV00002B/191